你各位的**假期**都是前人的呢？

投江割肉、起義抗暴、餓鬼道輪
節日吃喝玩樂，背後是數不盡的辛酸苦澀！

粽子其實與屈原無關？大凶忌日如何演變成熱鬧節日？
隋朝人很憎玩，清明前夕都在比「誰的蛋蛋更厲害」？
文字版「數獨」，前人用〈九九消寒圖〉打發漫長冬季？
武則天最愛花朝節，種花賞花摘野菜，忙完再做百花糕！

連假太長不知道去哪旅遊？沒關係！
讓我們一起「仿古」，找回曾經的流行！

韓品玉 主編

韓嘯，董俊焱，史小麗 編著

U0059051

目 錄

目錄

目錄 ────────────────────────

前言

　　節日，是一年當中一些重要的時間節點，表達了特定的文化意義和民族情感。華人自古以來就注重節日，每逢重要的節日，總會趁機慶祝。節慶，也就是節日慶典，說白了就是如何過節。如今，我們既有古代傳承下來的傳統節日，又有現代才設立或流行的現代節日，節日種類繁多，習俗豐富多彩。其中，傳統節日承載著中華民族悠久的歷史文化和深厚的精神情感，是珍貴的文化遺產。

　　提起節日，人們最先想到的就是春節，還有元宵節、清明節、端午節、七夕節、中秋節、重陽節等重要節日；此外，不同季節也有一些與季節相關的節日。每個節日都有對應的節日習俗，如清明時節，回鄉祭祖；端午節，吃粽子，插艾草，幫小朋友掛上桃木劍，繫上五彩繩；中秋節，吃月餅，賞月……每逢重要的傳統節日，人們的腦海中會浮現出這些熟悉的畫面，感受到濃郁的節日文化氛圍。

　　本書擬對華人傳統節日做重點闡述，盡可能向讀者呈現全面、真實而又豐富的民俗文化，並對當今時代我們應該如何過好傳統節日加以探索，讓傳統節日脫離物質層面的局限，增加精神層面的旨趣。

前言

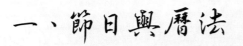

一、節日與曆法

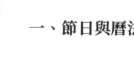

一、節日與曆法

▎節日與歲時節令

節日的本義是指二十四節氣中上一個節氣與下一個節氣交接過渡的日子,即「交節之日」,簡稱「節日」。

人們最初對節日的認知與植物的節有關。節是指植物的莖分枝長葉的凸起部位,如竹節等。植物都是有節的,節是植物最堅硬的部位,人們很難用刀斧將其砍壞;節也是植物生長枝條和新葉的關鍵部位。植物的節影響了古人對時間的認知。古人認為時間也有「節」,二十四節氣就是古人對時間的分節。而時間的「節」也是一年四季的關鍵部分,尤其是「交節之日」。後來,這種特殊的日子演化為人們祭祀、紀念或慶賀的日子,古代統稱為「歲時節令」。

歲時節令,分而言之是四個詞,分別表示四個意思。歲,即歲星,代指年,如「年年歲歲花相似,歲歲年年人不同」。時,即四時,指春夏秋冬四季。每季三個月,分別以孟、仲、季表示,以春季為例,農曆正月、二月、三月分別被稱作「孟春」「仲春」「季春」。節,指二十四節氣,是古人對一年的具體分節,每月有兩個,其中上半月的叫「節氣」,下半月的叫「中氣」。令,本指月令,代指時節、時令,如春令、秋令。合而言之,歲時節令是一年當中合時而行的特殊日子,原指一年之中人為規定或承襲傳統而來的慶

賀日、紀念日，現在將其統稱為節日。

歲時節令的確立，有利於農業生產及人民生活的安排。傳統的歲時節令大多與農業生產密切相關，直接對農事發揮指導作用。即使那些不直接服務於生產的節日，如祭祀娛神之類，也多與農民祈求風調雨順、企盼五穀豐登有關。如今，歲時節令已成為人們舉行各種娛樂活動的重要日子。圍繞著春夏秋冬季節的變化，人們的娛樂活動形式也在不斷變化，反映出的文化主題也各不相同。

▎節日與節日文化

節日是一年之中特定的用於慶祝、祭祀、紀念的日子，是有意義的、特別的日子。而與節日相關的文化、風俗等，則稱為節日文化。

節日之所以特殊，是因為節日有許多與平常日子不同的東西，如特殊的飲食、特定的娛樂或祭祀活動等。二月二吃炒豆、五月五吃粽子、三月三踏青、九月九登高、清明節掃墓祭祖、臘月二十三祭祀灶王爺……這些特殊之處代代相傳，逐漸發展為不同的文化現象，因此便有了節日文化。

一、節日與曆法

立春鞭春牛

元宵猜燈謎

過年放鞭炮

重陽登高

寒食祭掃

豐富多彩的節日活動

　　節日文化是一個國家或民族在長期的歷史進程中形成和
發展的傳統文化，因此，它能夠反映出一個國家或民族在不
同發展階段的物質、精神文明程度。中國自古以農立國，其
節日文化反映了人民在農業社會背景下對自然規律的遵循，
許多節日風俗都是順應四時而產生的。如端午節正值蚊蟲
多發的夏季，掛艾草是為了驅趕蚊蟲，防止疾病；重陽節正
值菊花開放的秋季，登高採菊的活動使人們感受到秋天的氣
息等等。同時，節日文化還形成了凝聚家族力量、協調人際

關係的作用。如春節、清明節、中秋節、重陽節等節日的時候，人們會一起祭祖，以表達對祖先的崇敬和懷念。這種敬祖的觀念根深蒂固，透過祭祖的方式不斷影響著一代又一代人，強化和鞏固著人們的血緣親情與家族意識。另外，節日文化也是歷史的載體，一些節日習俗在時代的變遷中被保留下來，其深刻的文化內涵也將影響後人。

▎古代曆法略說

曆法是推算日月星辰之運行以定歲時節候的方法；用通俗的話來說，曆法就是把年、月、日、時等計時單位按照一定的法則進行組合，以便於記錄和計算的時間序列。這種序列不僅符合天體運行的規律，而且適應物候的變化。

相傳，中國曆法由主日之神羲和創制。《尚書・堯典》中就有「（帝堯）乃命羲和，欽若昊天，曆象日月星辰，敬授民時」的記載。考古發現也證實，古人很早就開始觀測天象。其主要目的在於透過觀察自然現象，發現日月星辰的運行規律，因而決定一年的四時八節，編成曆法，以保證農事活動順利進行。

中國古代的曆法，有根據月亮的運行規律編制的陰曆，主要用來引導日常生活；也有根據太陽的運行規律編制的陽曆（即二十四節氣），主要用來引導農業生產。兩者相輔

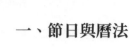

一、節日與曆法

相成，共同組成了中國傳統的陰陽合曆。簡單來說，古人把一年分為四季、十二個月（有時加閏月）、二十四節氣、七十二候、三百六十天。換種說法，古代以十二時（辰）為一日，日有晝夜。以五日為一候，共得七十二候。以三候為一節氣，共得二十四節氣；二十四節氣中，上半月的叫「節氣」，下半月的叫「中氣」，因此，二十四節氣又分為十二節氣和十二中氣。兩個節氣為一個月，共得十二月；每個月分別有朔日（初一）、望日（十五日）、晦日（二十九日或三十日）。三個月為一季，共得春、夏、秋、冬四季；每一季又分孟、仲、季三個階段。四季合為一年。其中，月亮的陰晴圓缺和二十四節氣的交接過渡，是歲時節令形成的重要依據。

▌陰曆

　　陰曆，全稱「太陰曆」，是根據月亮繞地球運行時盈虧變化的週期制定的曆法。相傳最早的陰曆創始於夏朝，因此又稱「夏曆」，俗稱「舊曆」。

　　傳統的陰曆以月球繞地球一週的時間為一個月，專業術語稱為「朔望月」，全年共十二個月。每月初一是朔日，月亮位於太陽和地球之間，與太陽同時出沒，故月亮隱而不見，在地球上看不到月光。每月初八左右是上弦月，月亮的

形狀像一張弓箭，弓弦在左上方，像英文字母「D」，故稱為「上弦月」；每月十五是望日（有時為十六或十七），此時地球位於太陽和月亮之間，當太陽從西方落下之時，月亮正好從東方升起，日、月遙遙相望，故稱「望」，在地球上看到的月亮是滿月。每月二十三左右是下弦月，此時太陽跟地球的連線與地球跟月亮的連線成直角，在地球上看到的月亮呈反「D」字形，弓弦在右下方，故稱「下弦月」。每月最後一天（二十九或者三十）是晦日，月亮隱晦無光，在地球上同樣看不見月亮。與陰曆的日期和月相的變化有關，古人又將一年十二個月分為六個大月和六個小月。大月叫「大盡」，每月三十天；小月叫「小盡」，每月二十九天。

準確地說，一個朔望月的週期是二十九天十二小時四十四分三秒，一年大約三百五十四天。與陽曆的「年月日」相比，陰曆每一天都稍少於十二個小時，每一年約少十天零二十一小時。因此，傳統的陰曆也規定了設置閏月的方法。設置閏月的年分叫做閏年，即一年有十三個月。其基本規律是「三年一閏，五年二閏，十九年七閏」，即每三年設置一個閏月，每五年設置兩個閏月，每十九年設置七個閏月。增加的這個閏月，就在前面的月分之前加一「閏」字，叫「閏×月」。比如陰曆六月後面的閏月就叫「閏六月」。「閏」是多餘或多出的意思。

一、節日與曆法

　　不同的歷史時期有不同的設置閏月的方法。春秋以前多採用「年終置閏法」，即將閏月放在一年的最後，商朝甲骨文中「十三月」、「十四月」、「十五月」的說法，指的就是閏月；春秋時期有了「十九年七閏」的原則，但仍採用「年終置閏法」；秦以農曆十月為歲首，還是在年終設置閏月，因此有「後九月」的說法；自漢代的「太初曆」開始，改農曆正月為歲首，同時將二十四節氣編入曆法，以陰曆中沒有中氣的月分為閏月，稱為「無中氣置閏法」；漢代之後，歷代基本沿用了「無中氣置閏法」。

太初曆表

　　所謂「中氣」，就是每個月的下半個月中出現的節氣。比如雨水節氣是在正月的下半個月，它就是正月的中氣。因為陽曆一年為三百六十五天左右，陰曆一年僅為三百五十四天左右，陰曆和陽曆（即農曆十二個月和二十四節氣）配合的時間長了以後，就會出現陰曆的某個月分中沒有中氣的情況，沒有中氣的這個月分就規定為閏月。比如二〇二〇年陰曆四月有立夏（四月十三日）和小滿（四月二十八日）兩個節氣，而接下來的一個月（本來應該是陰曆五月）卻只有十四日芒種一個節氣，夏至排到了再下個月的初一。沒有中氣的這個月就叫「閏四月」。

　　此外，不同的歷史時期還編排了不同的置閏週期（簡稱「閏週」），比如春秋時期的「十九年七閏」、魏晉南北朝時期的「六百年二百二十一閏」等。

▎陽曆

　　陽曆，全稱「太陽曆」，是以地球繞太陽的旋轉運動為依據而制定的曆法。現在人們使用的陽曆又叫「公曆」，以地球繞太陽一周的時間為一年，一年分為十二個月，每個月又有大月、小月之分。其中一月、二月、五月、七月、八月、十月、十二月為大月，每月三十一天；四月、六月、九月、十一月為小月，每月三十天；二月平年有二十八天，閏

年有二十九天。有一首歌訣可以幫人們快速記住這一規律：「一三五七八十臘，三十一天永不差；四六九冬三十日，只有二月特殊化，平年二月二十八，閏年二月把一加。」歌訣中的「臘」，是借用陰曆中的「臘月」，代指陽曆的十二月；「冬」，是借用陰曆中的「冬月」，代指陽曆的十一月；「把一加」即加上一天，也就是二十九天。

陽曆的閏年就是有閏日的年分。因為一個太陽年的時間為三百六十五天五小時四十八分四十六秒（三百六十五點二四二一九日），因此每四年左右就會多出一天。所以，陽曆也規定了設置閏年的方法，平年三百六十五天，閏年三百六十六天。置閏的規律是「四年一閏，百年不閏，四百年再閏」，簡單來說，就是每四年加一個閏年，即在二月裡加上一天。所以，平年的二月是二十八天，閏年的二月是二十九天。

世界通行的陽曆，是從羅馬的「儒略曆」發展而來的，後經格里高利（Gregory）修改，又稱「格里高利曆」。其紀年方式因以耶穌誕生的那一年為元年，所以叫「基督紀年」；後來為了避免不必要的麻煩，改稱「西曆紀元」，簡稱「西元」。耶穌出生之前的時期稱為「西元前」，之後的日期直接稱為「西元」。因此，這種曆法也稱為「西曆」。其實，西曆也可以直接理解為西用曆法的意思。

　　中國傳統的陽曆則是二十四節氣。因為中國自古以農立國，以農耕文明聞名於世，而傳統的曆法卻是陰曆。前面說過，陰曆大月為三十天，小月為二十九天，不到三年就會多出一個月。如果按照傳統的陰曆來引導農業生產，用不了幾年的時間，農作物的種植時間就無法適應季節物候的變化，違背農作物的生長規律。比如二十四節氣中的立春是表示春天開始的意思，通常在公曆的二月四日前後，二○二○年的立春是鼠年的正月十一，而二○二一年的立春是鼠年的臘月二十二，相差了半個多月。古人很早就知道陰曆不能準確、合理地引導農業生產，所以，他們根據地球在黃道（地球繞太陽公轉的軌道）上的位置變化制定了二十四節氣，用來更好地引導農業生產。

　　總之，與世界通用的陽曆（公曆）不同，中國也有自己的陽曆，那就是二十四節氣。

▎陰陽合曆

　　陰陽合曆是中國特有的一種曆法形式，簡單說，就是將太陰曆中的十二個朔望月與太陽曆中的一個太陽年配合在一起，透過調整陰曆中的閏月，使一年的日期基本吻合。這樣一來，人們不僅能夠透過月相方便地判斷日期，而且能夠更好地引導農業生產。因此，長期以來，中國一直使用陰陽合

一、節日與曆法

曆。不過，古代的陰陽合曆與現在的陰陽合曆是不一樣的。

傳統的陰陽合曆是將陰曆的十二個月與陽曆的二十四節氣配合在一起，最早開始於西漢初期的「太初曆」（當時稱為「漢曆」）。現在實行的陰陽合曆是將傳統的陰曆與從國外傳入的公曆配合，同時包含傳統陽曆的二十四節氣而編成的曆法。一九一二年中華民國成立以後，為了與國際接軌，引入了西元紀年法，並作為官方的日期記錄標準。公曆的引入，對加強國際交流確實有益，但在當時也引起了一些麻煩，其中最明顯的問題有兩個。一是元旦的混亂。在古代中國，元旦一直是指陰曆的正月初一。引入公曆後，民國政府規定公曆的一月一日為元旦，陰曆的正月初一改為春節（古代的春節其實是指「立春節」）。於是有了「陽曆年」、「陰曆年」的說法，並且民間一直把「陰曆年」當作正式的「年」，稱為「大年」。二是與傳統陽曆的重複。長期以來，人們一直用傳統的陽曆（二十四節氣）來引導農業生產。公曆雖然也是一種陽曆，但用來引導農業生產遠不如二十四節氣來得直接、明白，並且人們長期以來的習慣也不容易改變。於是，民國以後編制的曆法，都是將公曆、陰曆、二十四節氣合為一體，實際上成了一種「二陽一陰」的陰陽合曆。

值得一提的是，有關曆法的幾個名詞概念，在日常應用中有些混亂，有必要說明一下。一是「農曆」，通常是指

傳統的陰陽合曆，因其能更好地引導農業生產，故稱「農曆」；也可以指現在配有二十四節氣的陰陽合曆。二是「夏曆」，相傳中國最早的曆法出現於夏朝，故稱「夏曆」，不過，夏曆是一種典型的陰曆。三是「古曆」或「舊曆」，一般是對民國之前曆法的統稱，既可指夏曆，也可指農曆。

▍物候與季節

　　物候是動植物及周圍環境隨季節變化而變化的週期現象，與人們的生活息息相關。古代的「七十二物候」，源於黃河流域，是中國最早的結合天文、氣象知識引導農事活動的曆法。它以五天為一候，一年共七十二候，三候為一節氣，一年共二十四節氣，每個節氣分初候、二候和三候。每候均與一種物候現象相對應，這種現象叫做「候應」。動物的振翅、鳴叫、交配、遷徙，植物的發芽、開花、結果，大自然的河水解凍、雷聲陣陣等現象，都是候應。如立春這一節氣，初候刮東風，河水解凍。七十二物候依據草木生態、鳥獸蟲魚的生長變化，以及其他自然現象的出現與消失，反映出了氣候和季節的變化與推移。對季節的判斷，也是依物候進行的。每兩個節氣組成一個月，每三個月組成一個季節，分別為春、夏、秋、冬。按節氣劃分，從立春到立夏為春天；從立夏到立秋為夏天；從立秋到立冬為秋天；從立冬

到立春為冬天。春天播種,夏天耕耘,秋天收穫,冬天儲藏,是古代人民根據季節變化探索出的農業生產規律,也是人民智慧的展現。

人們從事農業生產,需要掌握農時,因此對物候的觀察更加深入,物候也就成為人們掌握農時的最早的一種手段。如《詩經·豳風·七月》,就反映了人們根據物候安排農業生產和生活的現象。

八此室處
日為改歲
嗟我婦子
塞向墐戶
穹窒熏鼠
十月蟋蟀入我床下
九月在戶
八月在宇
七月在野
六月莎雞振羽
五月斯螽動股

《詩經·豳風·七月》中對物候的描寫

二十四節氣的確立

二十四節氣是根據地球在黃道上的位置變化而制定的、表示季節變遷的特定節令,最早起源於黃河流域,是中國傳統的陽曆。

黃道,就是人們從地球上看太陽一年在天空中移動一圈

的路線。古人把這條路線想像成天空中的一個大圓圈，這個大圓圈就是黃道。準確地說，黃道就是地球繞太陽公轉的軌道。所以說，二十四節氣就是中國傳統的太陽曆。

　　古人根據太陽在黃道上的位置，以地球繞太陽一週為三百六十度，每隔十五度為一個節氣，一年便有二十四節氣。二十四節氣平均每月有兩個，時間在上半月的稱為「節氣」，在下半月的稱「中氣」。因此共有十二個節氣，分別是立春、驚蟄、清明、立夏、芒種、小暑、立秋、白露、寒露、立冬、大雪、小寒；中氣也有十二個，包括雨水、春分、穀雨、小滿、夏至、大暑、處暑、秋分、霜降、小雪、冬至、大寒。如下表：

二十四節氣表

月分	正月	二月	三月	四月	五月	六月	七月	八月	九月	十月	十一月	十二月
節氣	立春	驚蟄	清明	立夏	芒種	小暑	立秋	白露	寒露	立冬	大雪	小寒
中氣	雨水	春分	穀雨	小滿	夏至	大暑	處暑	秋分	霜降	小雪	冬至	大寒

　　每個節氣都有其特定的含義，其中反映季節變化的有立春、立夏、立秋、立冬、春分、夏至、秋分、冬至，反映氣溫變化的有小暑、大暑、處暑、小寒、大寒，反映天氣現象

的有雨水、穀雨、白露、寒露、霜降、小雪、大雪，反映物
候和動植物生長情況的有驚蟄、清明、小滿、芒種。

　　二十四節氣是中國古代人民在長期的生產勞動中總結出
的科學成果，早在秦漢時期就被完全確立下來，對農業生產
有重要的引導作用。二〇一六年十一月三十日，二十四節氣
被正式列入聯合國教科文組織人類非物質文化遺產代表作
名錄。

「四時八節」與「按時把節」

　　「四時」指四季，即春、夏、秋、冬；「八節」指二十四
節氣中最重要的八個節氣，即「二至二分」和「四立」，又
稱「農耕八節」。後以「四時八節」代指一年中的各個時令
或季節。比如「四時不謝之花，八節長春之景」，就是用來
描寫四季如春的景象。而按照時令和季節做事，就叫做「按
時把節」。

　　大概與自古以農立國有關，中國歷來就非常重視時令。
早在周代的時候，人們就用土圭（一種用直立在地上的桿子
測量太陽移動規律的儀器）測日影，並根據日照與氣候的變
化，確定了「二至二分」 —— 夏至、冬至、春分、秋分。
後來又在「二至二分」中間安排了「四立」 —— 立春、立
夏、立秋、立冬。漢末數學家趙爽在解釋《周髀算經》「凡

為八節二十四氣」時就說：「二至者，寒暑之極；二分者，陰陽之和；四立者，生長收藏之始。是為八節。」唐代文學家白居易在《策林・立制度》篇中寫道：「故作四時八節，所以時寒燠（ㄩˋ，暖、熱），節風雨，不使之過差為沴（ㄌㄧˋ）也。」沴，是指天地四時之氣不和而發生的災害。這句話的大致意思是，人們制定「四時八節」，就是為了順應寒暑交替的規律，預測天氣變化，因而避免由於時令的差錯而導致的災害。可見，「四時八節」對農業生產有著非常重要的作用。

長期的農耕生產，養成了中國人「按時把節」的良好習慣。其實不僅在農業生產方面，人們要按照時令、季節去播種、收穫；在日常生活中，人們也都會「按時把節」。唐代詩人杜〈狂歌行贈四兄〉詩中有「四時八節還拘禮，女拜弟妻男拜弟」句，描繪了節日走親訪友的風俗。之所以走親訪友也要「按時把節」，是因為農業生產具有明顯的季節性，人們平時難得有閒暇時間，也難得見面。一到了農閒季節，人們便抓緊時間走親訪友，共敘親情。比如最熱鬧的「走正月」，就是因為正月是農閒季節；而「走六月」的風俗，也是因為麥收已經結束，秋季作物也已經播種，正好是農閒時節。這種「按時把節」的節日往來，有些地方乾脆就叫做「送節令」。

一、節日與曆法

▍時令的別稱

　　時令的別稱可能與漢字的特殊性有關。在古代曆法中，不同的季節、不同的月分有許多不同的稱呼，使時令帶有濃郁的人情味。

　　據先秦古籍《逸周書・周月解》記載：「凡四時成歲，有春夏秋冬，各有孟仲季，以名十有二月。」後人便以孟、仲、季來指代每個季節的三個月，比如春季的正月、二月、三月，分別叫孟春、仲春、季春，其他三個季節也以此類推。於是便有了「仲夏」（陰曆五月）、「季秋」（陰曆九月）、「孟冬」（陰曆十月）之類的說法。

　　不僅如此，每個季節、每個月分，還有一些其他的別稱，有的雅緻，有的抒情，使一年四季充滿了詩情畫意。可參見下表：

表1　季節的別稱

季節	別稱
春季	三春、九春、芳春、陽春、青春、青陽、豔陽、陽節、蒼天、天端、發生
夏季	三夏、九夏、長夏、炎夏、炎天、炎序、炎節、清夏、朱夏、朱明、朱律、長嬴、槐序
秋季	三秋、九秋、金秋、金天、素秋、素節、素商、高商、商節、商序、秋序、白藏、收成、淒序、蕭辰、爽節、西陸
冬季	三冬、九冬、窮冬、窮陰、嚴冬、嚴節、清冬、玄冬、玄英、玄序、北陸、安寧

表2　月分的別稱

月分	別稱
一月	正月、元月、端月、征月、嘉月、初月、柳月、新正、建寅、寅月、早春、上春、初春、開春、發春、獻春、首春、孟春、孟陽、孟陬、陬月、發歲、開歲、獻歲、肇歲、華歲、芳歲、首歲、歲首、春王、太蔟、三之日
二月	仲春、仲陽、杏月、麗月、命月、如月、酣月
三月	季春、暮春、末春、晚春、蠶月、桃月、桐月、鳶時、桃良、櫻筍時
四月	孟夏、初夏、首夏、陰月、梅月、槐月、正陽、清和、麥秋
五月	仲夏、皋月、榴月、蒲月、郁蒸、天中、鳴蜩
六月	季夏、荷月、暑月、伏月、且月、焦月、精陽
七月	孟秋、初秋、首秋、上秋、早秋、新秋、肇秋、蘭秋、蘭月、相月、涼月、瓜月、巧月
八月	中秋、仲秋、正秋、桂秋、桂月、壯月、仲商
九月	季秋、末秋、窮秋、杪秋、晚秋、暮秋、暮商、季商、玄月、菊月、菊秋、青女月、授衣
十月	孟冬、初冬、上冬、開冬、陽月、良月、正陰月、小陽春
十一月	仲冬、冬月、暢月、辜月
十二月	季冬、暮冬、殘冬、末冬、杪冬、臘月、除月、暮節、暮歲、窮稔、窮紀、嘉平月

朔、望、晦

　　朔、望、晦是三種月相的名稱，指月亮的陰晴圓缺；同時也是根據月相的變化而規定的三個日期，即農曆每月的初

一、節日與曆法

一、十五和最後一天（二十九或三十）。古代把每月的朔、
望、晦視為比較重要的日子。

朔為「上日」，是每月的初一，又稱「元日」、「朔
旦」、「合朔」。在這一天，月亮運行到地球與太陽之間，因
月亮和太陽同時出沒，無法反射太陽光，所以在地球上看不到
月亮。在古代，每逢朔日，朝廷都要舉行朝謁之禮，文人墨客
則喜歡飲酒作詩。在朔日這一天，君臣的飲食比其他時間要豐
盛一些，稱為「朔食」。正月朔日，叫做「元旦」，是農曆新
年之始，也是一年中最重要的節日，現在叫做「春節」。

望日月圓，為農曆每月十五（有時為十六或十七）。此
時，地球運行到太陽與月亮之間，太陽從西方落下之際，恰
好是月亮從東方升起之時，人們在地球上看見的月亮最圓
滿。因此日太陽、月亮互相遙望，故稱「望」。望日的節日
較多。古有「三元」之說，即正月十五「上元」、七月十五
「中元」、十月十五「下元」，後來都發展成為節日。

晦是農曆每月的最後一天（二十九或三十），因這一天
月亮晦暗不明，故稱「晦日」。唐代以正月晦日（三十）為
晦節，在民間形成了「晦日送窮」的習俗。到唐德宗貞元五
年（七八九年），改成以二月朔日（初一）為中和節。在這
一天，朝廷君臣宴飲，應制賦詩；百官進農書，表示務本。
民間則以青囊盛百穀、瓜果種互相贈送，稱為「獻生子」；

釀製宜春酒，用來祭祀句芒（中國古代神話中主宰草木和各種生命生長的神，也是主宰農業生產之神），祈求豐年。

▌干支紀時

干支紀時是中國古代曆法中最富民族特色的紀時方法。所謂干支紀時，有廣義、狹義之分。廣義的干支紀時是指用十天干和十二地支相互配合來表示年、月、日、時的一種紀時方法；狹義的干支紀時則是指用干支來記錄、表示十二時辰的方法。

干支是天干和地支的總稱，其中十天干指甲、乙、丙、丁、戊、己、庚、辛、壬、癸，十二地支是子、丑、寅、卯、辰、巳、午、未、申、酉、戌、亥。把十天干和十二地支互相配合，用一個天干和一個地支組成的兩個字來表示年、月、日、時，就是干支紀時。比如二〇二一年一月一日零點，用干支紀時法來表示就是「庚子年戊子月己酉日甲子時」。一個人出生的年、月、日、時，如果用干支來表示，正好是八個字，因此就稱為「八字」或「生辰八字」。干支紀年從甲子起，至癸亥止，六十年為一循環（即十和十二的最小公倍數），俗稱「六十甲子」。

一般認為，從東漢光武帝劉秀建武三十年（五十四年）甲寅開始，中國正式使用干支紀年，一直延續至今，從未間

斷。干支紀年的方法是：甲子為第一年，乙丑為第二年……癸亥為第六十年。癸亥年之後，重新從甲子開始，循環不已。

干支紀月方法的起源要早一些，西漢司馬遷所撰的《史記‧曆書》中已有詳細記述。因為十二地支與十二月恰好相符，因此，在干支紀月法中，每年各個月分的地支是固定的，即正月為寅，二月為卯……十一月為子，十二月為丑。再配以天干，就形成了以五年（六十個月）為一週期的干支紀月法。

干支紀日的方法出現得更早。在出土的甲骨文中已經發現了完整的干支表，考古學家認為，這可能就是當時人們使用的一種「日曆」。據史料考證，從春秋魯隱公元年（西元前七二二年）春正月起，中國開始使用干支紀日，其後延續兩千六百多年，直到一九一二年改用西元紀年法以後，干支紀日法才逐漸消失。在這兩千六百多年的漫長歲月中，中國的干支紀日法既無中斷，也未發生錯亂，是世界上目前所知的使用歷史最長的紀日法。

狹義的干支紀時，即以十二地支配合十二時辰，來表示具體的時間。古代將一天分為十二個時辰，每個時辰相當於現在的兩個小時。半夜十二點前後的兩個小時（半夜十一點至凌晨一點）為子時，凌晨兩點前後的兩個小時（即凌晨一

點至凌晨三點）為丑時，以此類推。然而，用十二地支表示十二時辰的干支紀時法形成於何時，目前尚無從查考。

六十甲子

「甲」是天干的首位，「子」是地支的首位。以十天干和十二地支遞次相配，如甲子、乙丑、丙寅……統稱「甲子」。從首位甲子至末位癸亥，共得六十次配合始循環一週，故稱為「六十甲子」。因甲子的組合錯綜複雜，故又稱「六十花甲子」。古代多用之紀日或紀年，習稱「干支紀時法」；也用來泛指歲月，或用來指稱年齡。

六十甲子順序表

1 甲子	2 乙丑	3 丙寅	4 丁卯	5 戊辰	6 己巳	7 庚午	8 辛未	9 壬申	10 癸酉
11 甲戌	12 乙亥	13 丙子	14 丁丑	15 戊寅	16 己卯	17 庚辰	18 辛巳	19 壬午	20 癸未
21 甲申	22 乙酉	23 丙戌	24 丁亥	25 戊子	26 己丑	27 庚寅	28 辛卯	29 壬辰	30 癸巳
31 甲午	32 乙未	33 丙申	34 丁酉	35 戊戌	36 己亥	37 庚子	38 辛丑	39 壬寅	40 癸卯
41 甲辰	42 乙巳	43 丙午	44 丁未	45 戊申	46 己酉	47 庚戌	48 辛亥	49 壬子	50 癸丑
51 甲寅	52 乙卯	53 丙辰	54 丁巳	55 戊午	56 己未	57 庚申	58 辛酉	59 壬戌	60 癸亥

一、節日與曆法

　　古代文獻中一般認為六十甲子是大橈發明的。戰國時期呂不韋主持編纂的《呂氏春秋・審分覽・勿躬》篇就說：「大橈作甲子，黔如作虜首。」《後漢書》也有類似的記載：「記稱大橈作甲子，隸首作數。二者既立，以比日表，以管萬事。」大橈也寫作「大撓」，傳說是三皇五帝時期黃帝的史官，據說還是黃帝的老師，他發明了六十甲子紀時法。而「黔如作虜首」不好理解，一般都採用《後漢書》中的說法「隸首作數」。隸首也是黃帝的一位史官，傳說他發明了算數。南北朝時期的劉昭在為《後漢書》作注時，引用《月令章句》對此做了進一步的解釋：「大橈探五行之情，占斗綱所建，於是始作甲乙以名日，謂之幹；作子丑以名月，謂之枝。枝幹相配，以成六旬。」「六旬」即六十（日），也就是六十甲子。

　　據清代黃宗羲《歷代甲子考》考證，最早採用六十甲子紀年的年分是魯隱公元年 —— 己未年（西元前七二二年）。從此以後，中國的歷史紀年再也沒有出現過混亂。

二、節日的發展與分類

二、節日的發展與分類

▎節日的起源

　　節日的起源既與古代的曆法有關，也與人們的心理需求有關。

　　簡單來說，節日來自古代的曆法。具體來說，節日主要來源於古代曆法當中的四時八節、年月日時和干支紀時三個因素。

　　「四時」即春、夏、秋、冬四季，「八節」即二十四節氣中八個最重要的節氣，代指二十四節氣。如前所說，節日的本義就是二十四節氣中兩個「節」交接過渡的日子，如立春、清明、夏至、冬至、入伏、出九等。其中有些節日，後來逐漸脫離節氣的本來意義，演變成了傳統節日，如古代的立春節演變成了現在的春節。還有些節日則附會了一些傳說或與傳統節日合流，出現了新的內容，因而成了傳統節日，如清明節與傳統紀念節日寒食節現在已合為一體。

　　年月日時也是形成節日的主要因素。每年的第一天稱為「元旦」，乃新年之始。每年的最後一天稱為「除日」，不論臘月是大月還是小月，大月的三十日、小月的二十九日都叫「除日」；而除日的晚上，稱為「除夕」。元旦和除夕，後來成了中華民族最盛大的節日，俗稱「過年」。每月月亮的「朔、望、晦」，文學語言叫「陰晴圓缺」，也是形成節日的重要因素之一。

干支紀時法不僅使許多平常日子逐漸成為節日，而且使一些忌日（先輩去世的日子）變成了節日。比如先秦時期的「上巳節」，原指農曆三月上旬的「巳日」，這一天，人們要在河邊舉行招魂續魄之禮及祈福沐浴活動；魏晉時期開始將日期固定為農曆三月初三，後來便形成了三月初三的各種風俗，比如踏青、盪鞦韆等。忌日本來是干支紀時中規定的惡日，比如每月的子日和卯日（古稱「子卯不樂」），這一天不能舉行慶賀或祭祀活動。久而久之，某些忌日演變成了節日，比如農曆五月初五，原本是忌日，後來演變成了端午節，並附會了屈原的傳說，形成了吃粽子、戴香包等風俗。

除了曆法之外，節日的起源還與人們的心理需求或精神信仰有關。眾所周知，在大多數的節日中都少不了供奉祭祀和遊戲娛樂的儀式或內容；而這些儀式或內容的目的都是為了「求福避禍」，祈求以後的日子不要出現意外，希望來年過得更幸福。比如春節祭祀天地眾神，清明節掃墓祭祖，五月初五插艾草，九月初九登高等。這種「求福避禍」的潛意識正是節日形成的深層原因。

▍傳統節日的發展、演變

傳統節日的發展主要圍繞著三條重要線索，即農事祭祀、信仰崇拜和倫理道德。傳統節日大多起源於農事。中國

二、節日的發展與分類

自古以農立國，長期以來發展的是一種自給自足的農耕經濟。農事是人們賴以生存的方法，人們的日常活動都圍繞它展開，因此傳統節日的形成與發展自然離不開農事。再加上人們主要靠天吃飯，因此特別注重天時的變化。但由於認知水準的限制，人們只能透過祭祀神靈，來表達對歲時的崇拜，祈求風調雨順。信仰的力量鼓舞著人們頻繁地舉行祭祀活動，其中有些活動就演變為後來的節日，如清明節、臘八節（古代稱「臘祭」）等。同時，古人的倫理道德思想深受穩定的農耕生活的影響，許多節日活動也因此摻入了許多倫理意識和道德傳說，並成為傳統節日的重要組成部分，比如清明節掃墓、七月十五祭祖普渡等。

需要指出的是，在傳統節日的發展、演變過程中，這三條線索又互相影響，因而使得古代的許多節日逐漸融合演變成綜合性的傳統節日。例如：清明節本為二十四節氣之一，一般是每年西曆的四月五日，長期以來一直是一個重要的農事節日，每年清明節前後，農民開始耕種、養蠶；寒食節本為古代的禁火忌日，是冬至後的第一百零五天，一般是西曆的四月三日或四日，即清明節的前一兩天；上巳節本是先秦時期的一個重要節日，時間是農曆的三月初三、西曆的四月四日或五日前後，故也稱「三月節」。由於這三個節日在時間上基本重合，在後來的傳承過程中，清明節逐漸融合了寒

食節和上巳節的一些風俗，形成了祭祖、踏春、寒食等習俗，因而演變成一個綜合性的民俗節日。

當然，也有一些節日遵循著各自的規律獨立發展。比如立春節，現在仍然是民間比較重要的農事節日，俗稱「打春」。這一天主要有演春、迎春、鞭春、抱春、咬春、嘗春、躲春等習俗，並一直流傳不衰。

▌節日的類型

節日類型的劃分，可謂「仁者見仁，智者見智」。分類所依據的標準不同，便會產生不同的分類結果，也就會出現不同的節日類型。

根據節日設立的性質，可以將節日分為官方節日與民間節日，前者是由政府規定的節日，後者則是民間自發形成並長期流傳的節日。但是，有許多節日往往是先由民間自發形成，再由國家統一規定的，這樣的節日就不好歸類。

根據節日的目的和活動，可以將節日分為單一性節日和綜合性節日。單一性節日又可分為生產性節日、紀念性節日、宗教性節日、社交娛樂性節日等，其節日的目的是單一的，活動規模相對較小，內容也比較單純。綜合性節日是指具有多種目的和多種活動的節日，這類節日往往規模較大，活動內容也較複雜，比如春節（古稱「元旦」）、清明節等。

二、節日的發展與分類

　　從節日的地域分布及參加者來看，又可將節日分為全民性節日、區域性節日、單一民族性節日三種。全民性節日是指在全國範圍內，所有民族都過的節日，如春節、中秋節等。區域性節日是指某些地區的人們所過的節日，如潑水節等。單一民族性節日是指某個民族獨有的節日，如傈僳族的刀桿節等。

　　總之，目前流行的幾種有關節日的分類方法，各有其長處，也各有其不足，往往會存在明顯的重複或交叉現象。

　　本書根據歲時節令的發展過程，將節日分為傳統節日、新興節日、農事節日和宗教節日四種類型。簡而言之，歷代相傳者，謂之傳統節日；後來興起者，謂之新興節日；側重農事或源於季節者，謂之農事節日；宗教專用者，謂之宗教節日。

（1）傳統節日

　　傳統節日，也稱農曆節日、民間節日，與新興節日相對應，指從古代流傳下來的、以農曆為序的民間節日。從內容上看，它既有側重農事的節日，也有側重祭祀的節日；既有側重慶賀的節日，也有側重紀念的節日；並且大多帶有社交遊樂的性質。從規模上看，傳統節日多為綜合性節日，極少為單一性節日。

　　傳統節日包括兩個特定的對象，一為中華民族以農曆為序的節日，二為各少數民族特有的節日。例如中華民族的春節、回族的開齋節等。

　　中國的傳統節日大約經歷了四個發展階段：一是先秦時期，這一時期的節日以祭祀鬼神、求福避禍為主要內容；二是漢魏時期，此時節日的祭祀風俗開始向現實內容轉變，節日系統基本形成；三是唐宋時期，隨著中外文化交流的頻繁，許多節日習俗在這一時期產生並漸漸固定下來；四是明清時期，隨著城鄉文化的進一步發展，許多地方性節日風俗漸漸豐富並流傳至今。

　　總體看來，中國傳統節日歷史悠久，內容豐富，形式多樣，具有鮮明的農業特色。古人主要「靠天吃飯」，注重順應自然變化的生活方式，這種生活態度也貫穿在整個節日系統中，如順應春季的節日有告別寒冷的春節、祓禊（ㄈㄨˊㄒㄧˋ，中國古代民俗，每年春季在水邊舉行祭禮、洗濯去垢、消除不祥的活動）踏春的上巳節；順應秋季收穫的節日則有品嘗時令果品、觀賞明月的中秋節，登高賞菊的重陽節等。而許多傳統節日還蘊含著濃厚的倫理觀念，如除夕人們要祭祀祖先，表達對祖先的尊敬與懷念。同時，「民以食為天」，傳統節日還十分講究飲食，不同的節日有不同的節日食品，如春節的餃子、端午節的粽子、中秋節的月餅等。

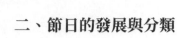

二、節日的發展與分類

（2）新興節日

　　新興節日，或稱西曆節日、官方節日、紀念日。在臺灣，新興節日主要指以西曆為序的紀念、慶賀節日。在世界範圍內，新興節日也指與傳統節日相區別的節日。比如五月八日法國貞德紀念日，就是一個全民性的新興節日；七月十四日法國國慶日，則是為了慶祝西元一七八九年攻占巴士底監獄。從內容上看，新興節日主要是紀念性節日和慶賀性節日，兼有社交遊樂性質。從規模上看，新興節日大多是單一性節日，極少數也演變為綜合的全民性節日。

（3）農事節日

　　農事節日，特指一年中與四時相關的節日，也是圍繞二十四節氣形成的節日。古代的農事節日，有不少逐漸從單一性節日轉變為綜合性節日。

　　現在在農村依然流傳的農事節日主要有：

- **立春節**：古代稱為「春節」，是一年四季的開始。自古以來就有打春牛、咬春、剪春幡等習俗，某些習俗現在仍然存留於民間。
- **清明節**：今與古代的上巳節、寒食節相融合，有掃墓、踏青、盪鞦韆、放風箏、贈畫卵等習俗。其中掃墓、贈畫卵等，本為寒食節習俗；而踏青、盪鞦韆、放風箏等

則為上巳節的風俗。

■ **立夏節**：象徵著夏季的開始，萬物至此時多已成立長大，故稱「立夏」。中國江浙一帶有兒童吃雞蛋的習俗；北方部分地區則有將小麥放在火上烤熟，吃新麥之鮮的習俗。

■ **芒種節**：時至仲夏，開始收割有芒的麥類，而稻穀類作物開始播種，故稱「芒種」。民間諧音為「忙種」，即忙著播種秋季作物。為了保證農作物豐收，某些地方會在農作物發芽之際，舉行祈福活動，以祈求五穀豐登；民間還傳說花神在這一天退位，因此許多地方都有送花神的習俗；江南一帶則有煮梅的習俗，目的是確保夏季不生病，屬於夏季養生習俗。

■ **夏至節**：象徵著炎夏的到來。夏至日太陽直射北迴歸線，這一天不僅是北半球各地白晝時間最長的一天，而且是北半球一年中正午太陽高度最高的一天。許多地方有吃涼麵的習俗，此外還有祭神祀祖、消夏避暑的風俗。

■ **立秋節**：這是秋季開始的節氣。立秋之後，氣溫逐漸下降，有「一場秋雨一場寒」的說法。古代有祭祀、迎秋的習俗。民間有舉行秋忙會的習俗，目的是交換生產工具、糧食、生活用品等。

二、節日的發展與分類

■ **冬至節**：又稱冬節，其節俗由來已久。商周之際以冬至前
一日為歲終，這一天家人團聚，祭祀祖先。現在中國杭州
一帶仍有「冬至大如年」、「過了冬至大一歲」之說，並
在這一天吃年糕、冬至肉（醬豬肉）等。臺灣則在此日祭
祖，由家長講述家族的起源與發展，意在不忘祖先。

入伏、出伏。三伏的開始與結束。三伏是一年中最熱的
時候，其日期根據干支編排，即夏至後的第三個庚日為初伏
的第一天，第四個庚日為中伏的第一天，立秋後從第一個庚
日開始的十天為末伏，每「伏」為十天。通常所說的「伏
天」共三十天。但是，如果其間有四個庚日，則稱為「閏
伏」，伏天共計四十天。初伏第一天為「入伏」，有些地方
有吃涼麵的習俗；末伏第十天為「出伏」。

除此之外，家事節日還有入梅、出梅，冬九九、夏九九
等，有些地方仍傳承著一些特殊的風俗。

（4）宗教節日

宗教節日是指與宗教信仰有關的節日，其中有一些已演
變為傳統節日。如傳統的七月十五中元節已與佛教的盂蘭盆
節結合；源自古代臘祭的臘八節，也與佛教的成道節結合。
再如西方的聖誕節，本為宗教節日，現在已經成為西方全民
同慶的傳統節日。

中國的宗教節日，除已演變為傳統節日或與傳統節日相融合者之外，還有一些純粹的宗教節日，其中在民間較為流行的有：

■ **正月初九「天誕」**：傳說這天是道教中眾神之王玉皇大帝的誕辰，道教一般都在天壇或天公廟舉行盛大的祭天活動。

玉皇大帝

■ **二月十五，道教稱「道誕」**：傳說是太上老君誕辰；佛教稱「涅槃節」，傳說是佛祖釋迦牟尼得道升天的日子。各地道觀、寺廟都會舉行隆重的法事活動。

■ **二月十九觀音會**：傳說是觀音菩薩誕辰，又說六月十九是觀音得道日，九月十九是觀音出家日，各地的觀音廟、白衣庵都要舉行盛大的法事活動。

■ **其他還有**：三月三蟠桃會，傳說是王母娘娘誕辰；四月
　初八浴佛節，是釋迦牟尼的誕辰；四月十四呂祖誕辰，
　即道教八仙之一的呂洞賓誕辰；五月十三關帝會，傳說
　是關帝聖君誕辰；六月二十四，佛教說是財神誕辰，道
　教說是關帝誕辰，民間又說是壽星或合和二仙誕辰；七
　月三十地藏會，傳說是地藏王菩薩的誕辰等等。

▌節日的性質

　　隨著人們生活水準的提高，人們似乎覺得節日越來越沒
意思了。以前，每逢過節，人們能吃上一種特殊的節令食
品，或吃上一頓相對豐盛的美味佳餚，心裡總是美滋滋的。
而現在，這些所謂的節令食品或美味佳餚，只要想吃，隨時
都可以吃。所以，過節的時候再吃這些東西，也就覺得沒意
思了。這或許與人們對節日性質的理解有關。

　　所謂「性質」，是指一種事物區別於另一種事物的特性
和本質。而節日的性質，就是節日區別於平常日子的特殊之
處。節日是指特殊的日子。既然是特殊的日子，節日就與平
常日子不同。那麼，節日與平常日子到底有哪些不同呢？

■ **節日具有提示的性質**：隨著生活節奏的加快，在平常的
　日子裡，人們經常會忘記或忽略一些事情。而作為一個
　特殊的日子，節日會引起人們的注意，提醒人們紀念什

麼、慶祝什麼、祭祀什麼等。比如，母親節快到了，它會提醒人們：是不是很長時間沒有去看望父母了。兒童節快到了，它會提醒人們：是不是很長時間沒有陪孩子出去玩了。因此，節日會提醒人們彌補一些因為生活的繁忙而忽略的親情，或是找回一些因為工作的忙碌而丟失的遺憾。

■ **節日具有調節的性質**：俗話說：「一張一弛，文武之道也。」有平淡，也有起伏，才是生活。一年中既有眾多的平常日子，也有少數的節日，生活才能豐富多彩。平常的日子過於平淡，也過於單調，而長期的平淡和單調會讓人感到疲憊。節日則可以調節人們緊張、單調的學習和工作，讓人們的日子過得有所起伏，多姿多彩。

■ **節日具有遊樂的性質**：遊戲、娛樂是人們的天性。然而，作為一種「社會動物」，人們的遊樂天性往往為工作、生活所束縛。於是，人們設定了節日，而大多數的節日都帶有遊樂的性質。節日期間，人們可以暫時拋開工作的壓力或生活的艱難，盡情發揮遊樂的天性，或家人歡聚，或旅行減壓等。

■ **節日具有交際性**：人不僅具有遊樂的天性，而且還具有群居性。據說，一個人如果三天不說話（即不與別人交流），心理上就會受不了。所以，「關禁閉」、「坐牢」

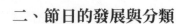

也就成了對人比較嚴厲的懲罰。而所謂「交際」，即人與人之間的往來應酬。人與人之間需要交往，感情也需要交流；沒有交流，感情會逐漸冷淡。而節日恰好為人們提供了往來應酬、感情交流的機會。節日期間家人團圓或走親訪友，為人們提供了交流的管道，因而增進了人與人之間的感情。

■ **節日具有滿足性**：滿足感是人們的需求得到實現時的感受，包括愉悅感、幸福感等。根據馬斯洛的「需求層次理論」，人們的滿足感有高低、大小的不同，也會因人因事而異。如果一直沒有滿足感，人們就會對生活失去信心，變得消沉。而節日往往能使人們的心理達到一種平衡狀態，因而產生一種滿足的感覺。就像人們辛苦工作了一整年，只要過一個春節，與家人團聚，分享喜悅與收穫，就會得到滿足一樣。

總之，節日不同於平常日子，有其特殊性，而這其實也正是人們過節的目的所在。

▌節令食品

中國節日數量繁多，許多節日還有獨具特色的飲食。這些應時食品不僅美味，而且有吉祥的寓意。

過年時人們一般吃餃子和年糕。餃子與「交子」諧音，

有子時相交、辭舊迎新之意，也有招財進寶的寓意。人們通常喜歡在餃子裡包一枚硬幣，誰吃到了包硬幣的餃子，來年就會發財或者有好運。年糕是一種用黏性大的糯米蒸成的糕點，有黃、白、紅三色，象徵金、銀和吉祥。年糕即「年年高」，有一年比一年好、年年進步的寓意。不少地區過年時還要吃鯉魚，象徵「年年有餘」。

其他的節令食品主要有：正月十五元宵節吃元宵；二月初二龍抬頭吃炒豆或爆玉米花；立春節吃春餅、五辛盤（「五辛」指五種帶有辛辣味的蔬菜，一般指蔥、薑、蒜、韭菜、蘿蔔）；五月初五端午節吃粽子，飲雄黃酒；夏至日吃麵條（與冬至日吃的餃子合稱「冬至餃子夏至麵」）；入伏之日北方地區多吃涼麵，民間有「頭伏餃子二伏麵，三伏烙餅攤雞蛋」的說法；六月初六蟲王節吃炒麵；七月初七乞巧節吃巧果；八月十五中秋節吃月餅，飲桂花酒；九九重陽節吃重陽糕，飲菊花酒；冬至日吃餃子或湯圓；臘月初八喝臘八粥；除夕夜吃守歲餃子、黍米（或糯米）年糕，喝屠蘇酒等。總之，每個節日都有自己的節令食品。節令食品不僅強化了節日的特色，而且改善了人們的日常飲食，滿足了人們的口腹之欲。

值得注意的是，同一種節令食品，在中國南北方也存在差異。比如粽子和月餅，北方人一般喜歡包素餡的，而南方人喜歡包肉餡的。人們把飲食與民俗節日巧妙地連結在一

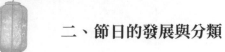

起，使節日過得有滋有味；節令食品的吉祥寓意，也表達了人們對美好生活的嚮往。

▌陰曆四節

一九一二年中華民國成立後，為了與世界接軌，採用了國際上通用的西元紀年法，同時也規定了民間的四大節日：「以元旦為春節，端午為夏節，中秋為秋節，冬至為冬節。」

正月初一春節，古稱「元旦」，民間俗稱「過大年」，是新年的開始。春節是一年之中最盛大的節日，持續時間也最長。人們舉行各種辭舊迎新的活動，其中蘊含著人們對新年生活的美好希冀。

五月初五端午節，又稱「五月節」、「端陽節」、「龍舟節」等。端午節最初為驅除病疫而設，人們採菖蒲、艾草掛在門前，以求驅災避害。早在春秋時期，吳越之地（今江浙地區）就有農曆五月初五賽龍舟的習俗，這可能與古代的龍圖騰崇拜有關。戰國時期，楚國人屈原自投汨羅江而死，為了紀念他，端午節又有了吃粽子的習俗。現在，端午節已成為全球華人紀念屈原的傳統節日。

八月十五中秋節，又稱「秋節」、「八月節」、「團圓節」。中秋節起始於先秦的仲秋迎寒儀式，開始於漢代，盛行於唐宋，至今仍是中華民族重要的傳統節日，有祭月、賞

月、吃月餅、飲桂花酒等習俗。因為中秋節是在月圓之夜，人們也盼望一家人能夠在這一天團圓。

冬至，也稱「冬節」、「長至節」。北方人在這一天吃餃子，南方人則吃湯圓，有些地區還有在這一天喝羊肉湯的習俗。

▍古代的三元節

古有「三元」之說，即正月十五「上元」、七月十五「中元」、十月十五「下元」。「三元」均是在農曆十五的月圓之夜，後來都發展成節日。

三元節是古代漢民族的三個祭神節日，究其來歷，此俗當源於道教。道教稱天、地、水為「三元」，分別奉「三元」為天官、地官、水官之神。傳說天官賜福，地官赦罪，水官解厄。後來，道教又將「三官」與「三元」相配合，形成三元節。正月十五上元節，是天官的生日，主賜福；七月十五中元節，是地官的生日，主赦罪；十月十五下元節，是水官的生日，主解厄。

三元節的來源，應是人們對天、地、水的自然崇拜心理。三元節自創立後，人們便對「三官」心懷敬畏，頂禮膜拜。歷代都非常重視三元節。自唐宋以來，三元節都是道教大慶的日子。在唐代的三元節，皇帝會下旨禁止全國屠宰

三天。明代以後,各地建有許多三官廟、三官殿。每逢三
元節,人們都要到廟宇裡祭拜「三官」,懺悔罪過,祈福免
災。凡信仰「三官」的人都要禁葷食素,在正月、七月、十
月三個月裡不碰葷腥,稱為「三官素」,此習俗現今已不流
行。清代,人們對「三官」的信仰更加普遍,還出現了多種
關於「三官」的年畫,如「天官賜福」,表達了人們對富貴
祥和的嚮往之情。

「天官賜福」年畫

三、元旦與春節

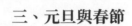

三、元旦與春節

▌古代的元旦與春節

　　古代的元旦,即新年的第一天,又稱「新年」,人們俗稱為「過年」。古代的元旦是指農曆正月初一,現在則指西曆一月一日。過年是中華民族最盛大的傳統節日,在漫長的歷史過程中逐漸演變成為一個綜合性的節日。

　　元旦一詞源於三皇五帝之一的顓頊,他規定以正月為「元」,初一為「旦」。「元」是一年的開始,「旦」則是早的意思,「元旦」就是一年開始的第一天。但古代過元旦的日期並不統一,夏代為正月初一,商代為十二月初一,周代為十一月初一,秦代為十月初一,漢武帝復為正月初一,此後延續兩千多年。在元旦這一傳統節日期間,人們都要舉行各種慶祝活動,包括祭祀神明、祭奠祖先、除舊布新、祈求豐年等。活動形式豐富多彩,且帶有濃郁的民族特色。

　　辛亥革命以後,中國開始採用世界通用的曆法——西曆,將一月一日定為元旦,而將農曆正月初一定為春節。實際上,人們仍然重視農曆的正月初一,將這一天稱為「過大年」或「過年」,而將西曆的一月一日稱為「陽曆年」(或「洋曆年」)。

　　而古代的春節則是指二十四節氣中的立春節。《聊齋誌異·偷桃》篇中說:「童時赴郡試,值春節。舊例,先一日,各行商賈,綵樓鼓吹赴藩司,名曰『演春』。余從友人戲

矚。是日遊人如堵。堂上四官，皆赤衣，東西相向坐。」其描寫的就是清初淄博一帶立春節的風俗。

新歲與過年

新歲，即新年。過年，除了指時間上度過了正月初一這一天，還有歡度新年之意，表示人們忙前忙後過春節。春節指傳統的農曆新年，傳統名稱為「新年」、「大年」、「新歲」，口頭上又稱「度歲」、「慶新歲」、「過年」。

「歲」是一個象形字，在甲骨文中出現的「歲」字，字形像一把斧頭。在先秦時期，「歲」是指一種斧類砍削工具，可以用來收割農作物。同時，人們要在收穫的季節裡宰殺牲畜來祭祀神明，因此，「歲」也是一種祭祀的名稱。由此，歲收之「歲」與歲祭之「歲」合而為一，成為特定的時間標記，「歲」字也延伸為年歲之「歲」。新歲，就是今天所說的新年。

「年」也是一個象形字，同樣源於農作物的生長週期，其甲骨文字形是一個人背著成熟的農作物的形象。《說文解字》中的「年，穀熟也」，就是這個意思。後來引申為春種秋熟、寒來暑往的週期，即地球環繞太陽公轉一周的時間。因此，過年可以理解為古人慶祝豐收的節日。

「歲」和「年」的字形演變

▌春節的來歷

　　春節是華人的新年，民間直接稱為「過年」。在國人心目中，過年是一年當中的第一件大事。細細推究起來，春節的來歷卻有些複雜。

　　從節日的時間看，現在的新年 —— 春節，實際上就是古代的「元旦」，即農曆正月初一。自一九一二年將西曆一月一日定為元旦後，才開始將農曆的正月初一改稱為「春節」。

　　從節日的名稱看，現在的過年來自二十四節氣中的立春節。古人所謂的「春節」實際上是指立春節，而「過年」則是指農曆的元旦。立春為「四時」之始，表示冬季的結束和春季的來臨，自古就是一個重要的農事節日，有演春、迎春、鞭春、抱春、咬春、嘗春、躲春等習俗。中華民國成立

以後，用「春節」來指稱古代的元旦，而「立春」則作為一個獨立的農事節日一直流傳到今天。

從節日的性質看，現在的過年來自古代的臘祭。臘祭，或稱「大蜡」（祭名，古代年終合祭農田諸神，以祈來年不降災害）、「臘日」、「臘歲」，是中國古代一年之中最隆重的祭祀活動。臘祭的時間為臘日，即冬至以後的第三個戌日，南北朝時固定為臘月初八。古人在臘日祭祀祖先、眾神，同時慶賀一年的豐收，其規模相當於現在的春節；後來，臘祭改為只供「五祀」——門神、戶神、宅神、灶神、井神；再後來，臘祭又與佛教中的釋迦牟尼得道日融合，成為一個綜合性的節日。而原來臘祭中的祭祖、祭眾神等內容，則轉移到了春節當中。

過年的風俗

過年是民間對新年的俗稱。傳統的新年一般是從臘月二十三祭祀灶王爺開始的，這一天又被稱為「過小年」。祭灶的習俗在中國各地都很普遍，多在黃昏入夜時舉行。人們先在灶臺旁更換灶王爺的神像，然後擺上桌子，向灶王爺進香，並供上飴糖、糖瓜等祭品。過了小年以後，人們便開始馬不停蹄地忙年。臘月二十四，家家戶戶開始打掃房間，俗稱「掃塵」。因「塵」與「陳」諧音，新春掃塵有「除陳布

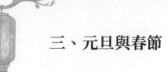

新」之意，其用意是要把一切晦氣都掃出門。掃完塵，人們便開始置辦年貨。

除日這一天，人們則要忙著貼春聯、福字、年畫，張燈結綵迎接新年。在這一天的夜晚，先要請神祭祖；然後一家人坐在一起吃年夜飯，俗稱「團圓飯」；一起守歲至子夜；接下來燃放鞭炮，拜年賀節，長輩給晚輩壓歲錢等，一直忙到大年初一旭日東升。

大年初一，人們全天拜年串門，團聚小飲，共敘友情。從正月初二開始，人們又忙著走親訪友，同時排練節目，準備「鬧十五」，節日的氣氛絲毫不減。這種喜慶熱鬧的氣氛一直持續到正月十五元宵節。

雖然各地過年的風俗不盡相同，但忙碌、熱鬧、喜慶是共同的主題。

▎燃放鞭炮的起源

燃放鞭炮是中華民族過年的主要傳統節俗之一。

鞭炮，相傳起源於漢代。最初的鞭炮是將竹子砍成一節一節的，稱為爆竹，放在火中燒烤，竹節內蓄積的空氣受熱爆炸，發出震耳的響聲，人們相信這樣可以驚退山魈（ㄒㄧㄠ）。山魈是一種傳說中的山中怪獸，又叫「山蕭」、「山臊」、「山繰（ㄙㄠ）」等，別稱「山鬼」。古籍中記載的山

魈，狀貌不一，或謂「人面長臂，黑身有毛，反

踵，見人笑亦笑，唇蔽其面」，或謂「獨足反踵，手足
三歧」，總之，樣貌醜惡，十分可怕。如果人們不小心遇
上牠，就會得病，不治而亡。後來，人們終於發現了山魈
的「剋星」── 紅紅的火光和巨大的聲響。於是，人們就
在火堆中燃燒竹子，用竹子的爆裂聲嚇退山魈。《荊楚歲時
記》中就說：「正月一日是三元之日也。《春秋》謂之端月。
雞鳴而起，先於庭前爆竹，以辟山臊惡鬼。」唐代發明了火
藥，宋代出現了用捲紙包裹火藥令其爆裂作響的鞭炮──
「爆仗」，漸漸代替了最初使用的竹子。

燃放鞭炮

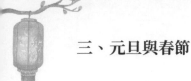

三、元旦與春節

燃放鞭炮是舊時過年必不可少的習俗。當除夕之夜的子時降臨，家家戶戶鞭炮齊鳴，在震耳欲聾的響聲中辭舊迎新。鞭炮的巨響象徵舊的一年已經過去，無論這一年是碩果纍纍還是艱難崎嶇，人們都要與它告別，並要振奮精神，跨入新的一年。宋代王安石寫過一首〈元日〉詩，很生動地反映了這一習俗：「爆竹聲中一歲除，春風送暖入屠蘇。千門萬戶瞳瞳日，總把新桃換舊符。」

▌年獸的傳說

年獸，相傳是一種非常可怕的怪物，頭上有角，形貌猙獰，大小和形狀有點像牛。牠生性凶殘，常年深居海底，每到除夕就爬上岸來捕食牲畜，甚至吃人，使辛苦一年的人們不得安寧，深受其害。因此，人們就把除夕叫做「過年關」。

有一年除夕之前，人們如同往年一樣，紛紛到山上躲避年獸的侵害。從村外來了一個乞討的老人，他手持拐杖，頭髮花白，衣著破爛。大家都顧著逃命，無暇顧及這個可憐的老者，只有一個老婆婆給他東西吃，並提醒他趕快到山上避難。老人笑了笑，說自己有辦法把年獸趕走，使牠再也不來傷害村民。他在門上貼上大紅色的紙，屋內點起燈，使屋子明亮起來，還在院子裡燒起火，把竹子扔到火裡，發出劈哩

啪啦的巨響。除夕之夜，年獸來了，突然看到紅色的燈光和燃燒的火焰，嚇得身體發抖；又聽到火堆裡的竹子發出的巨響，嚇得匆匆逃竄，再也不敢來了。從那以後，人們便總結出年獸害怕的三樣東西──紅色、火光和響聲。於是，每到除夕之夜，人們聚在一起，貼紅對聯，穿紅袍，掛紅燈，敲鑼打鼓，燃放鞭炮，家家戶戶燈火通明，就這樣一直等到過了子時，年獸就不敢來了。等躲過了年之後，第二天早晨人們便互相道賀。

一直到現在，人們在過年的時候，會闔家團坐在一起，貼對聯，放鞭炮，守歲，大年初一早上則要拜年。

▌過年的期限

人們所說的過年，並不單單指農曆正月初一這一天，還包括初一的頭一天──「除日」。除日是上一年的最後一天（臘月三十或二十九），俗稱「年三十」。在除日的晚上（即除夕），一家人要團圓守歲，吃年夜飯，飲屠蘇酒，燃放鞭炮，辭舊迎新……可見，過年的活動在除日已經開始。

實際上，民間傳統的過年期限持續的時間更長，一般從上一年臘月初八的臘祭或臘月二十三的祭灶開始。過去北京有一首民謠叫〈臘月忙年〉，歌中唱道：「二十三，糖瓜黏；二十四，掃房子；二十五，做豆腐；二十六，買酒

肉；二十七，宰年雞；二十八，把麵發；二十九，蒸饅頭；三十晚上熬一宿；大年初一扭一扭。」這首民謠不僅寫出了臘月忙年的熱鬧景象，也指出了傳統新年的主要期限為臘月二十三至正月初一。

年前（臘月）為準備階段，家家戶戶忙著置辦年貨，掃塵祭灶，每一天都有不同的任務。年後（正月）則為慶賀階段，人們忙著拜年，舉行各種娛樂活動，如趕廟會、鬧社火等，要一直延續到正月十五元宵節；有的地方甚至一直過到二月初二「龍抬頭」。民間俗語「忙臘月，鬧正月，拖拖拉拉到二月」，說的就是這種情況。

▌桃符與門神

桃符由兩塊桃木做成，上面寫著除禍降福一類的吉利話，過年時釘於大門兩側，用來驅鬼避邪。後來也有人在上面畫上神荼、鬱壘或秦瓊、尉遲恭等人物的圖像，因而又叫做「門神」。據《後漢書・禮儀志》記載，桃符長六寸，寬三寸，桃木板上書有「神荼」、「鬱壘」二神。

門神

相傳東海有座山叫度朔山，山上有一棵三千年的大桃樹，樹的東北端，有一個「鬼門」，度朔山上所有的妖魔鬼怪，下山時必須經過此門。為了防止鬼怪作亂，山上有兩個神人負責看守，他們一個叫神荼，一個叫鬱壘。兩人專門監管鬼怪的行為，發現哪個鬼怪為非作歹，便抓起來餵老虎。

據說，後來黃帝讓人們將神荼、鬱壘的像刻在桃木上，或者在神木上刻上這兩位神人的名字，掛在門的兩邊，叫做「桃

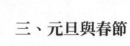

符」，這樣做可以驅災鎮邪。唐朝的門神，除了神荼、鬱壘兩位神人以外，民間又把秦瓊和尉遲恭這兩位唐代的勇猛武將當作門神，宋代又加入了佛寺裡的四大天王，明清時期又有了關羽、趙雲、張飛等。

據說，在大門上貼上兩位門神，一切妖魔鬼怪都會望而生畏。在民間，門神是正義和武力的象徵。古人認為，相貌出奇的人往往具有神奇的本領。所以，民間的門神總是怒目圓睜，手裡拿著各種武器，隨時準備和企圖入侵的鬼怪較量一番。中國傳統民居的大門通常是兩扇對開的，因此門神也總是成雙成對。

春聯的起源與傳承

春聯來源於桃符，是桃符的變體之一。五代時期，後蜀皇帝孟昶（ㄔㄤˋ）在桃符上書寫的「新年納餘慶，嘉節號長春」，應是中國最早的春聯。宋代時，春聯仍稱「桃符」，但已經由桃木板改為紙張，又被稱為「春貼紙」。人們將寫好的「春貼紙」貼在門窗兩邊，祈求新的一年可以風調雨順，好運連連。到了明代，桃符才改稱「春聯」。相傳當年朱元璋微服私訪之時，途經一戶人家，見其門上還沒有貼春聯，便上前詢問原因。原來這戶人家以殺豬為生，年關將近，異常忙碌，還沒抽出空來請人寫春聯。於是，朱

元璋親自為其寫了一副春聯：「雙手劈開生死路，一刀割斷是非根。」這副對聯與戶主殺豬的職業相符合，不乏幽默色彩。經朱元璋這一提倡，此後貼春聯便成了習俗，一直流傳至今。

春聯的種類比較多，有門心、框對、橫批、春條、斗方等。門心貼於門板上端的中心部位；框對貼於左右兩個門框上；橫批貼於門楣的橫木上；春條是用一張紅紙寫上一句吉祥話，貼在窗框中間或牆壁上；斗方也叫「門葉」，多貼在家具上和影壁中。

春聯的張貼要遵循一定的規矩，即按照「先右後左，先上後下」的順序貼。也就是說，上聯要貼在右手邊，下聯要貼在左手邊，橫批也要從右往左讀。

春聯至今已經有一千多年的歷史，它以精巧的文字來抒寫美好的願望，對仗工整，深受人們的喜愛。

掛籤的來歷

掛籤稱「門籤」，有的地方也叫「門錢」、「掛錢」、「掛千」、「弔錢」等，清代則叫「門籠」，屬於民間剪紙藝術中的一種。掛（貼）門籤則是北方民間春節的一種習俗。春節之前，家家戶戶貼春聯、掛門籤，使門戶煥然一新。而掛籤與對聯相互映襯，一是表示吉祥如意，二是象徵富貴興旺。

三、元旦與春節

　　關於掛籤的來歷有一個傳說。相傳姜子牙在輔佐周武王滅商之後，在封神臺大封群神。這時候，他的前妻馬氏也來找他，希望封自己一個神位。於是，姜子牙就封馬氏為窮神。但是，姜子牙也知道人們怕窮，怕馬氏到處亂跑給人們帶來不幸，於是給馬氏下了一道禁令，令她「遇破即回」，意思是如果看到人們家裡破破爛爛的，就不要再到這戶人家裡去「窮」人家了。後來，人們知道了這一禁令，每逢過年的時候，故意把一張紙弄破，掛在門口，目的就是躲避窮神。久而久之，躲避窮神的破紙就演變成了精心剪裁的門籤。再加上「籤」與「錢」同音，掛籤又有招財進寶、財運滾滾之意。

掛籤

掛籤一般用紅紙（或彩紙）剪成長方形，上部為各種祈求吉祥的圖案或文字，下部為流蘇。山東臨朐一帶一般是將五色彩紙疊在一起，裁成長方形，並在上面刻上各式圖案或各種吉祥文字，貼在門窗上；山東招遠一帶則將五色彩紙裁成長條，束成一把，綁在竹竿上，插於門前。五顏六色的門籤隨風飄搖，與大紅的春聯互相映襯，增添了節日氣氛。

值得一提的是，有的地方掛門籤還有一個規矩，即年前貼上的掛籤，必須在元宵節過後摘下來。據說，如果不及時摘下掛籤，瞌睡蟲就會伴著不走，使這家人經常打瞌睡，甚至會耽誤農耕生產，得不到好的收成。不過，這一舊規矩已經被人們遺忘，掛籤僅僅成了一種節日的裝飾。

▌吃餃子的風俗

吃團圓餃子是中國北方地區過年的一種習俗。一方面，「餃」和「交」諧音，有子時相交（「相交於子時」）、辭舊迎新之意；另一方面，因為它的形狀像元寶，也有招財進寶的寓意。東北地區始終流傳著「窮過年，富過年，不吃餃子沒過年」的說法。每到年底，全家人圍坐在一起包餃子，吃餃子，歡聲笑語，其樂融融。

餃子是一種歷史悠久的民間食品，深受人們的歡迎，民間一直有「好吃不過餃子」的說法。餃子的吃法通常是用清

水煮熟，蘸著用醋、醬油和蒜末調好的作料吃。有的地方過年煮餃子必須用芝麻稭燒火，象徵來年的日子「芝麻開花節節高」。除此以外，也有炸餃子、烙餃子等吃法。餃子餡也多種多樣，不同的餡料有不同的象徵意義。如吃到花生，意味著長命百歲；吃到銅錢，意味著來年能發財；吃到糖，意味著來年幸福甜蜜；吃到菜，意味著來年成績優異等等。

　　民間還流傳著吃餃子與女媧造人有關的傳說。相傳女媧用黃土造出了人類，但由於天氣寒冷，黃土人的耳朵很容易被凍掉。為了使黃土人的耳朵不被凍掉，女媧在每個人的耳朵上紮了一個小洞，用細線把耳朵拴住，線的另一端放在黃土人的嘴裡咬著。後來，老百姓就用麵捏成人耳朵的形狀，內包有餡（與「線」諧音），用嘴咬食，以此紀念女媧的功績。

▌飲屠蘇酒的習俗

　　屠蘇酒是古人年夜飯中必不可少的佳釀，由大黃、蜀椒、桂心、黃風、白朮、桔梗等藥材浸泡而成，具有祛風散寒、避除疫邪的功效。

　　相傳，古時候有一個住在草庵裡的名醫，每到大年夜就送給附近的住戶每家一包草藥，囑咐他們把藥放在布袋裡縫好，然後投到井裡，到元旦那天汲取井水，和著酒杯裡的

酒，每人飲一杯，這樣一年都不會得瘟疫。人們得了這個藥方，卻不知道這位神醫的姓名，只知道他住的草庵名叫「屠蘇」，只好把這種酒叫做「屠蘇酒」。

年夜飯飲酒的習俗流傳已久。早在西周時期，人們為慶祝過去一年的豐收和新一年的到來，聚在一起，喝酒宰羊，互相慶賀。漢代，到了過年這一天，一家人放過鞭炮後，歡聚一堂飲屠蘇酒。飲屠蘇酒，意為「屠絕鬼氣，甦醒人魂」。據說於元日早上喝此酒，可保一年不生病，以後便將春節喝的酒統稱為「屠蘇酒」。

飲屠蘇酒還有一定的順序，應是一家人中年紀最小的先喝，年紀越大的越靠後喝，年紀最大的最後一個飲酒。因為過年意味著又長了一歲，孩童越來越茁壯，所以大家要祝賀他；老年人則又老了一歲，靠後喝，含有祝他長壽之意。

▌拜年的風俗

拜年，又叫做「走春」、「探春」，是中國民間的傳統習俗，是人們辭舊迎新、表達美好祝願的一種方式。古時有拜年與賀年之分。拜年是晚輩向長輩叩拜，祝福長輩身體健康、萬事如意，然後長輩對晚輩提出新年的期望，給晚輩壓歲錢。賀年是平輩之間互相問候。拜年有一定的順序。先拜本家，再拜鄰居；先拜近處，再拜遠處。針對不同的拜年對

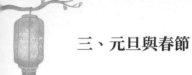

象，要說不同的祝語。如祝老人「壽比南山」，祝工作的人「工作順利」，祝上學的人「學業進步」等。大年初一，人們都早早起床，穿上新衣服，家長帶領晚輩出門拜見親戚、朋友、尊長，用吉祥語向對方祝賀新年。晚輩需叩頭致禮，謂之「拜年」。古代朝官往來，不管認識與否，都要互拜，百姓則各拜親友。打躬是最常見的見面禮節，邊打躬邊寒暄，很有人情味。

隨著時代的發展，拜年的方式也漸漸豐富起來，如電話拜年、簡訊拜年、郵件拜年等。

穿新衣的風俗

過去，人們的物質生活水準還不高，等到過年才能縫製一身新衣服，因此有了「過年穿新衣」的習俗。過年穿新衣，整個臘月裡談論的都是關於新衣的話題。家家戶戶忙著挑選布料，為了突出過年的喜慶氣氛，布料大多色彩鮮豔。選完後，便將布料送到裁縫家，量尺寸，定款式，還要一趟趟地催裁縫盡快完成。因此過年前夕，也是裁縫忙碌的日子。大年初一早上，人們穿上新衣，放完鞭炮，然後到各處拜年。

過年穿新衣的習俗沿襲至今。不過，隨著社會的發展，人們的物質生活水準顯著提高，商場裡各種款式的衣服應有

盡有，新衣已經不需要找裁縫做了。衣服的色彩也漸趨多樣化，不再是過去的「穿紅戴綠」。如果是本命年，人們通常會選擇紅色的衣服以圖吉利。過年穿新衣，蘊含了人們對新年的美好期許。

三、元旦與春節

四、正月裡的節俗

▌正月裡的節日

　　正月，是農曆的第一個月，也是傳統節日最多的一個月分，整月都充滿喜慶的氣氛。在這個月裡，除了人們熟悉的春節和元宵節之外，至少還有十幾個節日。

- 正月初一除了是中華民族最盛大的節日 —— 春節之外，還是雞的生日（參見下文「人勝節」條）。現在有些地方仍保留著正月初一貼雞畫的習俗，把用紅紙剪成的雞貼在門窗之上，以驅鬼避邪。

- 正月初二祭財神，經商之家多於這一天祭祀財神爺。另外，正月初二又說是狗的生日，正月初三是豬的生日，正月初四是羊的生日，正月初五是牛的生日，正月初六是馬的生日，現在都已經不過了。

- 正月初五是破五節，是對明清時期「趕五窮」習俗的傳承。「五窮」即智窮、學窮、文窮、命窮、交窮，也叫「五鬼」。人們在初五這天打掃環境，燃放鞭炮，以趕走五種窮鬼，正式開始一年的新生活。因此，「破五」也有「送年」的含義。而南方有些地方則叫「接路頭」，據說是迎接五路財神的日子。

- 正月初七是人勝節，又稱「人日」，即人的生日（參見下文「人勝節」條）。

- 正月初八是敬八仙節，也稱「轉八日」，是西北地區祭祀八仙的日子。
- 正月初九是玉皇大帝的誕辰，福建、臺灣一帶稱這一天為「天公生」。民間會舉辦「玉皇會」，或由婦女在院子裡祭拜天公，祈求天公賜福；道教各宮觀則要舉辦大型法事活動。
- 正月初十是石頭節，又稱「地日」，相傳是石頭神的生日。人們在這一天不能搬石頭，也不能使用碾、磨、石臼等石器，更不能開山打石或用石頭蓋屋。
- 正月十六是「走百病」的日子，也叫「溜百病」。這一天，婦女結伴出行，見橋必過，以祛病避災。北方地區還有摸門釘求子的風俗。
- 正月十九是燕九節，相傳是全真教祖師爺丘處機的生日。這一天許多道觀都會舉行法事活動，丘處機生前居住的白雲觀，更成了燕九節的「主會場」。
- 正月二十是天穿節，傳說是紀念女媧補天的日子，流行於漢魏、隋唐之際，宋代以後逐漸消失。
- 正月二十三是煉丹日，傳說是太上老君煉丹的日子，也是民間習俗中所說的「三大忌日」（其他兩個忌日是正月初五和正月十四）之一。這一天有各種禁忌，比如忌出行、忌開業、忌遷徙等，特別是「老牛忌使役，婦女

忌針線」。所以，好多人都在這一天停止營業，特地休息或娛樂。

■ 正月二十五是填倉節，也叫「天倉節」。「填倉」即填滿穀倉的意思，是漢民族祈求五穀豐登、糧食豐收的傳統日子。許多地方有畫灰囤（ㄉㄨㄣˋ）、祭穀神等風俗；不過，也有些地方是在二月初二畫灰囤、添五穀。

■ 正月晦日是送窮神的日子。正月晦日，即正月的最後一天，大月是三十日，小月是二十九日，有的地方則直接將送窮神的日子固定為正月二十九。晦日送窮的風俗大約出現於唐代，流行於唐宋時期。典型的風俗如唐代詩人姚合〈晦日送窮三首·其一〉中所說：「年年到此日，瀝酒拜街中。萬戶千門看，無人不送窮。」到了明清時期，晦日送窮的風俗已逐漸融入正月初五的破五節和二月初二的中和節中。

透過對正月節日的簡介可以看出，正月裡傳統的節日很多，人們賦予節日不同的內涵，透過活動和禮儀等表達對親友的祝福及對未來的企盼。

人勝節

（1）習俗

人勝節即農曆正月初七，也稱「人日」、「人七日」、「人慶日」。傳說女媧創世之初，曾在七天之內創造了七種動物：第一天創造了雞，第二天創造了狗，第三天創造了豬，第四天創造了羊，第五天創造了牛，第六天創造了馬，第七天創造了人。所以，正月初七便成了人的生日。為圖吉利，民間也就有了正月初一不殺雞，初二不殺狗，初三不殺豬，初四不殺羊，初五不殺牛，初六不殺馬，初七不行刑的慣例。大約漢代開始有了人勝節的風俗，魏晉以後漸趨流行，隋唐時期尤為盛行，宋元以後逐漸消失。

唐代人勝剪紙（新疆吐魯番阿斯塔那古墓出土）

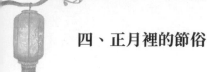

四、正月裡的節俗

　　人勝節是人類爭取生存幸福、祈求消災避難的傳統節日。每逢此日，人們都祈盼家人安康、親友幸福，並舉行祭祀人祖、剪綵為勝、吃七菜羹等各種活動。所謂「剪綵為勝」，即用彩紙或金鉑剪成七人相連的圖形，名曰「人勝」，或佩戴在頭上、衣服上作為裝飾，或貼在門窗、屏風上以求吉祥，還可以贈送親友，以表達祝福之意。七菜羹則是人勝節的節令食品，又稱「七寶羹」，即用春菜（一般指萵苣葉子）、大菜（芥藍）、韭菜、芹菜、菠菜等七種蔬菜合煮為羹，用菜名的諧音以求吉利。時至今日，山東臨朐一帶還有正月初七吃「人慶菜」的風俗，即用頭年晒乾的人情菜（一種莧菜，口味甘香，分布較廣）和榆葉（象徵「年年有餘」）合煮為菜粥。

　　另外，人勝節還有捏麵人、吹糖人、家人團聚的習俗。人勝節俗稱「人齊日」（「齊」是「七」的諧音），所以這天不論是家庭聚會還是外出遊玩，家人一定要齊全。在人勝節這天，客居在外的人要盡量趕回家中，而在家的人則忌諱在這天出差。全家一個人也不缺，才叫「人齊日」，才算是過人勝節。

　　總之，傳統的人勝節是一個重視人的價值、強調人的尊嚴、講究親情的節日。

(2) 人日詩

人勝節原本是一個紀念人的節日，節日活動不外乎祭天求福、家人齊聚、親友敘情、剪綵為勝、吃七菜羹等，一直到魏晉時期仍然如此。然而，到了隋唐時期，人勝節增加了思家、懷友的內涵，並出現了許多膾炙人口的詩作。這裡僅摘錄三首，以進一步展現隋唐時期人們過人勝節的風俗。

人日思歸 ［隋］薛道衡

入春才七日，離家已二年。
人歸落雁後，思發在花前。

人日寄杜二拾遺 ［唐］高適

人日題詩寄草堂，遙憐故人思故鄉。
柳條弄色不忍見，梅花滿枝空斷腸。
身在遠藩無所預，心懷百憂復千慮。
今年人日空相憶，明年人日知何處。
一臥東山三十春，豈知書劍老風塵。
龍鍾還忝二千石，愧爾東西南北人。

人日即事 ［唐］李商隱

文王喻復今朝是，子晉吹笙此日同。
舜格有苗旬太遠，周稱流火月難窮。
鏤金作勝傳荊俗，翦綵為人起晉風。
獨想道衡詩思苦，離家恨得二年中。

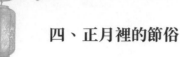

（3）一種叫「勝」的飾物

「勝」是古代婦女常用的一種首飾，也是最古老的首飾之一。最早的記載見於《山海經·西山經》：「西王母其狀如人，豹尾虎齒而善嘯，蓬髮戴勝，是司天之厲及五殘。」人們一般把「勝」解釋為玉勝，即用玉石做成的勝飾，或直接解釋為華勝，即花形的勝飾。

到了漢代，戴「勝」的風俗極為盛行。人們又根據「勝」的不同形狀，將其分為三種，即華勝、人勝和方勝。華勝，即「花勝」，是一種花形的勝飾。據《釋名·釋首飾》解釋：華，是指這種首飾的形狀像植物的花朵；勝有「勝人一籌」的寓意，意思是，人本來就長得端莊大方，再戴上華勝，就更加勝人一籌。人勝，則是一種人形的勝飾，是正月初七人勝節專用的首飾。它多以金鉑或彩紙剪刻為人形，或剪刻為七人相連的圖形，以象徵「七日為人」；後世則多用金屬製作，佩戴時「蔽於髮前」或「戴於頭鬢」。方勝則是一種方形的勝飾，特指由兩個菱形部分重疊而成的勝飾。方勝中間的重疊部分，多用來象徵同心，因此方勝也叫「同心方勝」，是情人之間的專用信物。

南宋玻璃疊勝飾件

　　「勝」字有優美、勝出、興盛之意，「勝飾」又諧音「聖世」。而勝飾的三種形狀又各有寓意：華勝注重友誼，人勝強調人性，方勝側重愛情。可惜的是，這種既有意義又有價值的裝飾物，卻沒有傳承下來。

▌古代的「社會」

　　古代的「社會」是指在春秋社日祭祀社神的集會。春社日（立春後第五個戊日）是在仲春，人們祭祀社神以祈農事，企盼這一年風調雨順、五穀豐登；秋社日（立秋後第五個戊日）正值秋收，人們祭祀社神以表謝意。

　　相傳社神名叫勾龍，是水神共工的兒子。《禮記・祭法》中說：「共工氏之霸九州島也，其子曰后土，能平九州島，故祀以為社。」后土，即勾龍。共工在一次與天神的打鬥中

折斷了擎天的柱子，頓時天崩地裂，洪水氾濫，萬物都遭受苦難。為此，女媧煉五色石，將塌陷的天補好。勾龍見女媧如此操勞，為父親犯下的錯誤感到內疚。為了彌補父親的過失，他主動將坼（ㄔㄜˋ）裂的大地填平，這一行為引起了黃帝的注意。於是，黃帝賜予勾龍丈量土地的繩子，任命他管理土地。從此，勾龍成了社神。

春社

在古代，社日活動一直興盛於民間。男人帶著米酒、食物去祭祀社神，祭祀完畢還要集會宴飲，表演競技，十分熱鬧。婦女也不必工作，都可參加社會。這一天，到處洋溢

著喜慶的氣氛。唐代張籍有〈吳楚歌〉云:「庭前春鳥啄林聲,紅夾羅襦縫未成。今朝社日停針線,起向朱櫻樹下行。」王駕也有〈社日〉云:「鵝湖山下稻粱肥,豚柵雞棲半掩扉。桑柘(业さˋ)影斜春社散,家家扶得醉人歸。」這兩首詩都呈現了江南農村舉行春社活動的歡樂情景。

▌鬧社火

　　社火是流行於民間的一種集體遊藝活動的總稱,包括耍龍燈、舞獅子、踩高蹺、跑旱船等。流傳於各地的民間社火表演,耍法不盡相同,技術與風格也各有特色。

　　耍龍燈也叫「舞龍」,至今已有兩千多年的歷史。每逢元宵節,人們都要耍龍燈以增加節日的喜慶氣氛。耍龍燈源於人們對龍的崇拜。在古代,人們透過舞龍來祈求龍的庇護,保佑新的一年風調雨順、五穀豐登。耍龍燈的「龍」用竹、木紮成骨架,外用綢布或金銀箔紙製成,節數不等,以單數為吉,多見九節龍、十一節龍、十三節龍,多者可達二十九節。龍燈的耍法有很多種,如著名的「二龍戲珠」等。

　　舞獅子也是中國的傳統民間藝術。古人把獅子當作勇敢和力量的象徵,認為牠能鎮妖除魔,保佑人畜平安。所以人們逐漸形成了在元宵節舞獅子的習俗,祈求來年健康平安、

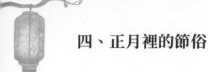

事事順利。這一習俗起源於三國時期，在南北朝時開始流行，至唐代時已成為盛行於宮廷、軍旅和民間的一項活動。在一千多年的發展過程中，舞獅形成了南北兩種表演風格，北派為「武獅」，南派為「文獅」。

踩高蹺又叫「扎高腳」，起源於春秋時期。表演者把長木綁在腿上行走，甚至還能跳躍。高蹺的長度各異，最長的可達一丈多，最低的也有一尺多。

跑旱船，相傳是為紀念大禹治水而發展成的民間娛樂遊戲。旱船是用兩片木板做成船的形狀，外圍用彩色布料裝飾。表演者用繩子將旱船繫在腰間，一邊模仿划船，一邊唱著小曲，生動有趣。

▌正月十五

正月十五為元宵節，因正月為元，夜謂之宵，故名。元宵，意為新的一年第一次月圓之夜。元宵節起自漢代，作為中國重要的傳統節日之一，已有兩千多年的歷史。元宵節又叫上元節、元夕節、燈節、花燈節，習俗主要有放花燈、吃元宵、猜燈謎、表演歌舞、燃放煙火等。

關於元宵節的由來，說法不一。一說元宵節是漢文帝為紀念「平呂」而設。漢惠帝劉盈病死後，其母呂后獨攬朝政，排擠劉氏家族，破壞了原來的統治秩序。劉氏親屬和

朝中老臣雖有怨言，但一時無法反抗。呂后病死後，在正月十五這一天，「諸呂之亂」被徹底平定，眾臣推舉劉恆登基，即漢文帝。漢文帝深感太平盛世來之不易，便把平定「諸呂之亂」的日子定為與民同樂日，此日家家張燈結綵，以示慶祝，元宵節由此而來。此外，民間還有元宵節起源於火把節、與佛教「燃燈表佛」有關等說法。

元宵節的食品「元宵」起源於宋朝。其製作方法是以各色果餌和蜜糖為餡，用糯米粉包裹起來搓成球，用水煮熟而食。吃元宵含有祭月、賞月的意味。一九一三年，袁世凱因「元宵」與「袁消」諧音，認為不吉利，便下令改「元宵」為「湯圓」。此後，湯圓的稱呼就流行開來。袁世凱垮台後，大部分地區又恢復了「元宵」的名稱。

鬧花燈的來龍去脈

鬧花燈是元宵節必不可少的一大習俗。花燈，集彩紮、雕刻、裱糊、剪紙和詩畫於一體，是一種綜合性的民間藝術。經過歷朝歷代的傳承，花燈的名目也越來越多，可謂應有盡有，如龍燈、鳳燈、魚燈、兔子燈、歷史人物燈、神話故事燈、走馬燈等。花燈也頗具地方特色，如北京的宮燈、天津的寶蓮燈、廣州的鴛鴦戲蓮燈、東北的冰燈等。

元宵節燃燈的風俗起自漢朝。漢明帝為了弘揚佛法，下

四、正月裡的節俗

令正月十五夜在宮中和寺院裡「燃燈表佛」，後來演變為可供欣賞的花燈。到了唐代，賞燈活動更加興盛，不僅是在皇宮裡，連街道上也掛滿了燈。宋代更重視元宵節，賞燈活動要進行五天，燈的樣式也更豐富。到了明代，元宵節要連續賞燈十天，從正月初八到正月十七。清代京師的放燈更加壯觀，還舉行賽燈活動，其中以龍燈最為有名。元宵節慶典規模最大、喜慶氣氛最濃、花燈製作最巧、燈火最盛的時期，是在唐、宋、明、清四代。

花燈

民間的鬧花燈活動持續時間較長。最後三天，即正月十五至正月十七，進入高潮，即「大鬧花燈」。一曰「試燈」，人們紛紛展示花燈，做好鬧花燈的準備。二曰「鬧燈」，即正

月十五晚上，是重點表演花燈的時間。三日「完燈」或「落燈」，指燈節過完。按照傳統的風俗，今年的燈節過完了，必須把花燈打爛、燒燬，圖個吉利，明年另用新的花燈。

燈謎的起源與傳承

燈謎是元宵節後來出現的一項活動，出現於宋朝。燈謎最早是由謎語發展而來。謎語起源於春秋戰國時期，當時一些遊說之士出於利害考慮，在勸說君王時往往不說出本意，而借用別的語言暗示君王，使之得到啟發，於是出現了「隱語」、「文義謎語」等文字遊戲，這可以說是燈謎的雛形。到了南宋，首都臨安的人們每逢元宵節就在綵燈上書寫謎語或繪上謎物，使行人駐足留觀，品評涵詠，因而增加觀燈的興致。此時，燈謎的活動正式形成，制謎、猜謎的人越來越多。到了明清時期，春節前後各地區皆張燈懸謎，盛況空前，《紅樓夢》、《鏡花緣》等小說中都有清人制謎、猜謎的描寫。

燈謎就是將謎語貼在花燈上，讓人一面賞燈，一面猜謎。燈謎主要利用漢字形、音、義的特點，透過會意、象形等手法來制謎。謎底多著眼於文字意義。傳統的謎格有一百多種，如捲簾格、鞦韆格、求鳳格、白頭格等。由於謎底不易猜中，就像老虎不易射中一樣，所以燈謎又被稱為「燈虎」，猜燈謎則稱「射虎」。謎語與中國古代諺語、民歌、

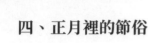

寓言、笑話等民間文學形式有密切關聯，既可以啟迪智慧，又趣味盎然。要猜中謎底，既要博學多才，又要有豐富的生活經驗。千百年來，燈謎一直深受文人雅士和百姓的喜愛，成為一種獨特的民俗文化。

▌晦日送窮神

「送窮」是中國民間一種很有特色的歲時風俗。窮神又稱「窮子」，相傳是顓頊的一個兒子，身體瘦弱，穿衣破爛，飲食粗淡。即使有人送新衣服給他，他也要把衣服弄破才肯穿，因此得一稱號為「窮子」。後來窮子死了，人們把他埋葬起來，稱為「送窮」。還有一種說法，稱「窮」是姜子牙的妻子。「窮」是家門貧困的禍根，很多地方興起一種叫做「趕五窮」的風俗。「五窮」也叫「五鬼」，指「智窮、學窮、文窮、命窮、交窮」五種窮鬼。唐代詩人姚合有詩〈晦日送窮三首〉，其一云：「年年到此日，瀝酒拜街中。萬戶千門看，無人不送窮。」各地送窮鬼的日期並不統一，大多數地區是在臘月三十，也有地區是正月初五送「窮」。

送「窮」當天，人們早早起來，家家戶戶放鞭炮，打掃環境。鞭炮從每間房屋裡往外放，邊放邊往門外走。人們視垃圾為窮鬼的象徵，必須掃垃圾，燒垃圾，倒垃圾，送垃圾，將窮鬼趕出家門。人們將垃圾打掃乾淨後，用紙做成一

個身背大紙袋的「五窮婦」，把掃好的垃圾全部倒入袋內，然後把「她」送出門外用鞭炮炸爛，寓意「窮」被送走了，一切不吉利的東西也全部被趕出門去了。送完窮鬼，人們再從麥田裡抓幾把土撒在院子裡，象徵迎富貴進門。民間廣泛流行的送窮習俗，反映了人們普遍希望辭舊迎新，送走舊日的貧窮困苦，迎接新一年美好生活的願望。

四、正月裡的節俗

五、清明、寒食、三月三

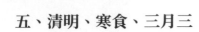

▎先秦時期的上巳節

上巳（ㄙˋ），是干支紀日曆法中農曆三月的第一個巳日。上巳節也稱「三月節」，是先秦時期一個重要的遊樂節日。

上巳節大約出現於春秋戰國時期。這個節日的主題是迎接生命之神的復活，以此為核心，展開了祓禊、祭祀灶神、祈年求福等一系列豐富多彩的節慶活動。祓禊，就是選擇山清水秀之地進行齋戒沐浴。每逢此日，女巫在河邊舉行消災除邪的儀式，人們到河邊用浸泡了香草的水沐浴，祓除疾病與不祥。《周禮·春官·女巫》載：「女巫掌歲時祓除釁浴。」《論語·先進》中載：「暮春者，春服既成，冠者五六人，童子六七人，浴乎沂，風乎舞雩（ㄩˊ），詠而歸。」《宋書·禮志二》引《韓詩》：「鄭國之俗，三月上巳，之溱（ㄓㄣ）、洧（ㄨㄟˇ）兩水之上，招魂續魄。秉蘭草，拂不祥。」其中，尤以鄭國之俗為代表。鄭國這一天在河邊舉行招魂續魄之禮，秉蘭草祓除不祥，同時還舉行盛大的露天舞會。《詩經·鄭風·溱洧》云：「溱與洧，方渙渙兮。士與女，方秉蕑兮。女曰觀乎？士曰既且。且往觀乎？洧之外，洵訏且樂。維士與女，伊其相謔，贈之以勺藥。溱與洧，瀏其清矣。士與女，殷其盈兮。女曰觀乎？士曰既且。且往觀乎？洧之外，洵訏且樂。維士與女，伊其將謔，贈之以勺藥。」此詩生動地展現了上巳節這天男女一起遊樂的情景。

三月三

（1）風俗

魏晉以前，每年上巳節的日期並不確定。魏晉時期將上巳節定為三月初三，故以後的上巳節又被稱為「三月三」。

三月三這一天，不僅平民百姓，就連帝王后妃也會臨水除垢，祓除不祥。後來又有臨水宴飲、春遊踏青等習俗。到了漢代，三月三攜酒踏春的習俗盛極一時。唐代時，皇帝要在三月三這天於曲江池宴會群臣，同行祓褉之禮。宋朝以後，三月三的風俗漸漸衰微，但還有一些風俗仍然在民間流傳。明初時，朱元璋為示太平盛世，與民同樂，在三月三這天攜大臣一同春遊。三月三的娛樂活動還包括臨水浮卵、水上浮棗、曲水流觴等。臨水浮卵，就是在上巳節這天，先把雞蛋、鴨蛋、鵝蛋煮熟，在蛋殼上畫上各種圖案，然後把色彩斑斕的彩蛋放入彎曲的溪水中，使其順流而下。人們分散坐在溪流的不同位置，看彩蛋漂到誰的面前，誰就可以拿起來吃掉。水上浮棗是人們把紅棗投入彎曲的溪水中，使其順流而下。人們各在一處，當棗子漂到自己面前時取食。

除了娛樂活動，三月三還要祭神。三月三所祭之神主要是女性祖先神，主管婚姻和生育，如王母娘娘。

三月三是融娛樂、祈求神佑、祓除不祥為一體的節日。

五、清明、寒食、三月三

現在中國不少地區還保留著三月三的節俗活動，主要有踏青、採野菜、戴薺花、祭祀神靈等。

(2) 蘭亭修禊

魏晉時期的上巳節，王宮貴族、公卿大臣、文人雅士在舉行完祓禊儀式後，便坐在彎曲的流水旁，舉行宴飲。這種宴飲被稱為「曲水宴」，並由此而衍生出一個節俗──「曲水流觴」。觴是古代盛酒的器具，即酒杯。眾人都坐在水流兩旁，把盛好酒的酒杯置於流水之上，任其順流漂下，停在誰前面，誰就要將杯中酒一飲而盡，並賦詩一首，否則罰酒三杯。在「曲水流觴」的過程中，人們會採摘許多花朵，投入流水，來一個「流水落花」。魏明帝曾為此專程建了一座流杯亭。

東晉永和九年（西元三五三年）三月初三，王羲之與謝安、孫綽等四十二位文人學士、社會名流，在浙江會稽山陰的蘭亭作「修禊」之會。眾人分坐於曲水旁，藉著彎曲的溪水，以觴盛酒，置於水中。他們一邊飲酒，一邊議論，即興創作詩歌。在這次遊戲中，有十一人各成詩兩首，十五人各成一首，共得三十七首詩。眾人推舉王羲之為詩集作序，於是有了流傳至今的〈蘭亭集序〉：「永和九年，歲在癸丑，暮春之初，會於會稽山陰之蘭亭，修禊事也。」該序不僅文

采飛揚，書法更是遒美勁健，氣勢飄逸，被後世推為「天下第一行書」。這次「曲水流觴」活動影響很大，受到後世的推崇。這種遊戲，既有文人之雅，又有節俗之樂，在紹興等地久盛不衰；後來還流傳到了日本，產生了深遠影響。

曲水流觴

（3）曲江賜宴

「曲江賜宴」又稱「聞喜宴」，是唐代朝廷在曲江賜新科進士的宴會。唐代李肇在《國史補》中記載，進士既捷，「大宴於曲江亭子，謂之曲江會」。最開始時是對落第舉子賜宴，發展到後來，才演變為專門恩賜新科進士的遊宴。這種賜宴活動，從唐中宗神龍年間延續到唐朝末期的僖宗乾符年間，黃巢起義軍攻入長安城以後才徹底終止，其間一百七十餘年只有特殊情況下偶有中斷，一般都能照常舉行。

朝廷專程於曲江賜宴進士，既是對他們高中的祝賀，又是籠絡他們，讓他們感恩戴德的方法。朝廷於曲江賜宴的目的，唐代韋述在《兩京新記》中寫道：「（漢）宣帝起樂遊苑於曲江池，以為校文之所。唐開元中，更書鑿之。……都人遊賞，中和節三月三最盛。元宗嘗賜群僚宴焉。後以秀士每年登科第賜宴曲江，蓋不忘校文之意也。」曲江賜宴在三月三最盛，此時節池水蕩漾，蒲柳搖曳，泛舟曲江之上，情趣盎然。唐代劉滄〈及第後宴曲江〉詩記載了曲江賜宴的繁盛景象：「及第新春選勝遊，杏園初宴曲江頭。紫毫粉壁題仙籍，柳色簫聲拂御樓。霽景露光明遠岸，晚空山翠墜芳洲。歸時不省花間醉，綺陌香車似水流。」

在唐代，上巳節皇帝在曲江亭賜宴百官，是每年例行的重大節日活動。這不僅加強了君、臣之間的關係，而且在曲

江形成了一種遊賞飲宴的風氣，開創了曲江流飲、賦詩校文的文化盛典。很多文人在詩歌中描寫了這一盛事，留下了數百首「曲江詩」，成為唐詩創作中一個重要的文化現象。

（4）蟠桃會

在道教中，農曆三月初三是西王母的誕辰。西王母住在瑤池，又稱王母娘娘、瑤池娘娘。傳說，每年三月三這一天，王母娘娘都要在瑤池舉行蟠桃盛會，以蟠桃為主食，招待各路神仙。王母娘娘的蟠桃具有神奇的功效，可分為三等：小桃樹三千年一熟，人吃了可以得道成仙；中等的桃樹六千年一熟，人吃了可以長生不老；最好的桃樹九千年一熟，人吃了與天地同壽，與日月同輝。各路神仙都要去參加蟠桃會，還要準備賀壽的禮物。蟠桃會場面盛大而莊嚴，不容許出現任何差錯，如果有誰不小心破壞了王母娘娘的興致，就會遭到嚴厲的懲罰。特別是等級較低的神仙，在蟠桃會上更要注意自己的言談舉止。如在《西遊記》一書中，沙和尚原是捲簾大將，因為在蟠桃會上失手打破了一個琉璃盞，被罰墮入流沙河；豬八戒因在蟠桃會上醉酒後調戲嫦娥，被貶下界；孫悟空因為不被重視，沒有得到參加蟠桃會的邀請而大發雷霆，大鬧蟠桃會，被擒獲後壓在五指山下長達五百年。還有一個傳說稱，西漢文學家東方朔曾經偷得仙

桃，飛天升仙。

在古代，三月三拜王母娘娘的習俗盛行於全國。三月三這一天，家家戶戶都會準備好供品，進香供奉，給西王母祝壽。相傳這樣王母娘娘就會為他們消災避難，保佑一家人平平安安。王母娘娘是長生不老的神仙，人們在三月三這天為她祝壽，也表達了企盼健康長壽的美好願望。

▎寒食節的來歷與風俗

寒食節本為古代的禁火日，後來附會了晉文公重耳悼念介之推的傳說。

相傳春秋時期，晉國的介之推跟隨晉公子重耳逃亡國外十九年，忠心耿耿。有一次重耳在魏國被困，幾天吃不到飯，介之推就偷偷割下自己腿上的肉來給他吃。後來，重耳回國登上王位，成了晉文公，對跟隨他逃亡的大臣論功行賞，卻偏偏忘了介之推。介之推也沒有爭功，一個人背起老母親悄然離去，隱居在今山西介休東南的綿山中。晉國的人們很替介之推鳴不平，就編了一首歌謠諷刺晉文公。晉文公得知後，立即派人去介之推家裡找他，卻沒找到。後來聽說介之推去了綿山，又派人去找，也沒找到。晉文公知道介之推很孝順，就在綿山上放了一把火，以逼迫介之推自己背著母親跑出來。但介之推和他的母親很有骨氣，寧可燒死也不

出山。綿山一場大火燒了三天三夜，當晉文公派人去看時，介之推母子已抱著一棵枯柳被燒死。這一天正好是冬至後的第一百零五天。老百姓很敬佩介之推的骨氣，後來每到這一天，人們就不忍心生火做飯，連續三天只吃冷食，以紀念介之推。這就是民間流傳的寒食節的來歷。

　　寒食節的傳統食品大致有以下幾種：糖稀、麥粥、雞蛋、杏仁酪、糯米酪、麥酪以及用鹽、醋調拌好的生菜。寒食節的傳統遊戲項目主要為鬥雞和鬥雞蛋。鬥雞的習俗直到現在仍在民間流傳；鬥雞蛋是指將經過染色、雕鏤的雞蛋（古稱「畫卵」）相互碰撞的遊戲，這一習俗在隋代時已經流行，今已不多見，不過現在某些地方在寒食節時仍會將食用煮雞蛋作為這一節日的風俗。隋代時人們還將雞蛋作為節日期間互相饋贈的禮物，有時也將其放在盤子裡，供於案几，作為節日特有的擺設。唐宋時，人們在寒食節及節日前幾天，還要掃墓祭祖。自唐代以後，寒食節的地位日趨衰落，漸漸與上巳節、清明節融合。

唐代寒食祭掃

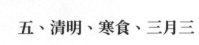

五、清明、寒食、三月三

▌清明節的風俗

清明本為二十四節氣之一，一直是一個重要的農事節日，因為「物至此時，皆以潔齊而清明矣」。每至清明，農民開始耕種，蠶農開始「治蠶室」。在這一天，有掃墓、祭祖、郊遊、踏青、戴柳、盪鞦韆、放風箏等風俗活動。

隨著時代的推移，如今掃墓、祭祖的習俗程式簡化了很多。現在，在掃墓當天，人們先修整先人的墳墓，清理周圍的雜草，然後獻上食品、鮮花等，以寄託緬懷祖先的情感。

人們在清明節這一天踏青、掃墓時都要戴柳，而且家家戶戶的門口也是要插柳的。關於插柳的風俗有兩種說法：一種是說此舉是為了紀念農事祖師神農氏的，另一種則說這麼做是為了辟邪。觀音菩薩用手托著的玉脂瓶裡就插著柳枝，她以柳枝蘸水，為人們消災解難。受佛教影響，人們認為，柳是可以驅鬼辟邪的。民間流傳清明節、七月十五和十月初一為三大鬼節，是百鬼出沒的日子，清明節插柳、戴柳則可以防止鬼的侵擾。

每年清明節前後，在中國北方地區的農村，家家戶戶都會蒸製「雁雁」。「雁雁」是一種花饃，在製作的過程中，人們借用剪刀、梳子等工具，將麵糰做成各種動物的形態，以「大雁」、「小雁」為主；然後染色蒸熟，將蒸好的「大

雁」獻給老人,「小雁」贈給兒童,納祥祈福。江南一帶則
有吃青糰子的風俗。青糰子又稱清明果,是將搗碎的艾草和
糯米相互融合,包上豆沙、棗泥等餡,揉成團,然後用蘆葉
墊底,用蒸籠蒸熟以供祭祀。明代《七修類稿》有記載:
「古人寒食採桐楊葉,染飯青色以祭,資陽氣也,今變而為
青白糰子,乃此義耳。」如今,青糰子用來祭祀的功能日益
淡化,人們在清明節做青糰子主要是為了應令嘗新。

宋代是清明節發展最盛的時期。《武林舊事》記載:「清
明前後十日,城中仕女豔妝濃飾,金翠琛縭,接踵聯肩,翩
翩遊賞,畫舡簫鼓,終日不絕。」這裡描寫了宋代清明節時
人們相約出行,踏青活動盛極一時的情景。發展到今天,清
明節的活動事項保留下來的仍有不少,主要有掃墓、植樹、
踏青、插柳、放風箏等。

▌三個節日的融合

在時間上,清明節與寒食節、上巳節基本重合 —— 清明
節一般是每年西曆的四月五日;寒食節是冬至後的第一零五
天,即次年西曆的四月四日(如果二月是二十九天,則為四
月三日);上巳節為農曆三月初三,通常也在西曆的四月四
日或五日。久而久之,寒食節、上巳節與清明節逐漸融合在
一起,成為一個綜合性的民俗節日。這一過程展現了中國傳

統節日發展演變的特點。

　　節日的發展主要圍繞著三條重要線索 ── 農事祭祀、信仰崇拜、倫理道德。這三條線索又往往互相影響、互相滲透，使古代的許多節日逐漸融合演變成綜合性的傳統節日。除了清明節之外，臘八、七月十五鬼節、立春等也都是農事祭祀、信仰崇拜以及倫理道德融合而成的節日。

六、春天的其他節俗

六、春天的其他節俗

▎東郊迎春

　　立春象徵著冬季的結束和春季的開始，預示著一年的農事活動即將開始，在古時是一個重要的節日。

　　迎春是立春節日的一項重大活動。中國的迎春禮俗最早可以追溯到周代。在周代，每到立春日，天子會親自率領群臣到東郊迎春祭神。東漢時，形成了完整的迎春禮俗。《後漢書・祭祀志》說：「立春之日，迎春於東郊，祭青帝句芒。車服皆青。歌〈青陽〉，八佾舞《雲翹》之舞。」此後迎春禮儀代代相傳，並不斷豐富和發展。而且，最初由官方舉行的迎春活動，逐漸發展為民間的迎春活動，更為豐富有趣，如貼宜春帖、戴華勝、掛春幡、吃春餅、饋春盤等。迎春習俗展現了古人對春天和農業的重視，表達了先民對豐收的祈盼。

　　迎春禮在漢代至宋代時，是在立春當日舉行，宋代以後在立春前一天舉行。舉行迎春禮的目的是把春天和句芒神迎接回來。唐代詩人皇甫冉在〈東郊迎春〉中寫道：「曉見蒼龍駕，東郊春已迎。」迎春禮舉行的地點在都城東郊，那麼為何要在東郊迎春呢？古代陰陽五行說認為，季節與方向是一一對應的，春、夏、秋、冬分別對應東、南、西、北，而每個方位又對應著特定的顏色，分別是青、赤、白、黑。傳說主管農時的句芒神就居住在東方，所以人們將祭祀的地點

定在了都城東郊或者城東，而且在迎春禮中，車馬的佩飾和人們穿的衣服皆是青色。

　　河南《嘉靖尉氏縣志》記載：「縣宰率僚屬人等迎春於東郊，散春花、春鞭，縣中各色行人及諸伎藝巧飾，呈其技能，作樂戲劇，傾城士女從觀焉。縣中設有春宴。」由此可見，迎春儀式盛大壯觀、熱鬧非凡的氣象。

「鞭春牛」的風俗

　　鞭春牛又叫「打春牛」、「鞭土牛」、「鞭春」，是一種古老的春耕禮儀，大約起源於先秦時期。

　　《後漢書‧禮儀志》載：「立春之日，夜漏未盡五刻，京師百官皆衣青衣，郡國縣道官下至斗食令史皆服青幘（ㄗㄜˊ），立青幡，施土牛耕人於門外，以示兆民，至立夏。」但此時還未提到鞭打春牛。唐代以後，才出現了「執杖鞭牛」的相關記載。元稹（ㄓㄣˇ）〈生春二十首‧其七〉云：「鞭牛縣門外，爭土蓋蠶叢。」白居易的〈和三月三十日四十韻〉云：「布澤木龍催，迎春土牛助。」宋代以降，「鞭春牛」之舉由皇帝或官吏完成。孟元老的《東京夢華錄》就記載了北宋時「鞭春牛」的習俗：「立春前一日，開封府進春牛（土牛）入禁中鞭春。」到了明清時期，官吏鞭打土牛，爭取將其鞭碎，謂之壓邪。泥牛被打得越碎越好，這在人們看來，

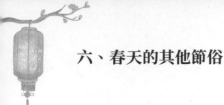
是六畜興旺、風調雨順的好兆頭；且「鞭春牛」之後，人們爭相搶奪土牛碎片，謂之「搶春」。後來，泥塑的春牛變成了紙牛，人們還會事先在春牛的肚子裡裝入五穀，打碎春牛之後，五穀撒滿一地，寓意「五穀豐登，滿地皆是」。

鞭春牛

　　「鞭春牛」在每年的立春之日進行，寓意是打走春牛的懶惰，使牠趕緊到田裡去，迎接一年的豐收。不同地區，活動形式不盡相同。一般是在立春前一日，由官府派專人將泥塑的春牛迎到官府前，立春當天一早，身穿公服的官員鞭打春牛，以祈豐年。

「鞭春牛」的意義，不限於送寒氣、促春耕。舊說若婦女抱小孩繞春牛轉三圈，可以不患疾病，今已成為娛樂項目。「鞭春牛」意在規勸農事、鼓勵春耕，展現了人們對五穀豐登的美好祈盼。

▌咬春與五辛盤

咬春，又稱為「嚼春」、「食春菜」，是古代立春的習俗，也是一種吃鮮嘗新的活動，既為防病、避春困，又有迎接新春的意思。如漢代《四民月令》記載：「立春日食生菜，取迎新之意。」清代《燕京歲時記》云：「立春日，婦女等多買蘿蔔而食之……謂可以去春困。」人們所食大多是青菜，如蘿蔔、韭菜、芹菜等。在中國北方，尤其是京津一帶，最流行的咬春方式是吃一種紫色的蘿蔔（俗稱「心裡美」）。因為蘿蔔味辣，所以吃蘿蔔有古人所說的「咬得菜根斷，則百事可做」之意。如清代張燾的《津門雜記·歲時風俗》中記載：「立春日，食紫色蘿蔔，啖餅，謂之咬春。」民間相傳只要咬了春，就能得到春天萬物復甦的吉祥之氣。

六、春天的其他節俗

五辛盤

　　咬春習俗可以追溯到兩千年前的五辛盤。五辛盤因盤裝五種辛辣的青菜而得名，是元日（農曆正月初一）、立春飲食風俗中常見的食物。晉代周處的《風土記》記載：「正元日，俗人拜壽，上五辛盤。五辛者，所以發五臟氣也。」佛教徒按戒律不能吃的五辛是蔥、蒜、韭菜、薤（ㄒㄧㄝˋ，俗稱「野蒜」）、興蕖（ㄑㄩˊ）。在民間，五辛一般指的是蔥、薑、蒜、韭菜、蘿蔔。明代李時珍《本草綱目》則說：「元旦、立春以蔥、蒜、韭、蓼蒿（ㄌㄧㄠˇ ㄏㄠ，有特殊香氣的植物）、芥辛嫩之菜雜和食之，取迎新之義，謂之五辛盤。」

「二月二，龍抬頭」

中國農曆二月初二俗稱「龍抬頭」，也稱為「春龍節」、「龍頭節」、「農頭節」，南方有些地方也叫「踏青節」。民間傳說這是天上主管雨水的龍王抬頭的日子，從此以後，雨水會逐漸增多。中國北方廣泛流傳著「二月二，龍抬頭；大倉滿，小倉流」的民諺。也有民謠曰：「二月二，龍抬頭，家家鍋裡蹦豆豆；驚醒龍王早升騰，行雲降雨保豐收。」這一節日寄託著人們祈求風調雨順、五穀豐登的美好願望。

龍抬頭

「龍抬頭」這天，節令活動十分豐富，且形成了特有的食俗——家家戶戶都要炒黃豆，爆玉米花，擀麵條，炸油糕。為了納吉，炒黃豆或爆玉米花稱為「金豆開花」，麵條稱為「龍鬚麵」，年糕稱為「龍膽」。有的地方，人們在當

六、春天的其他節俗

天還有理髮的習俗，與「龍抬頭」相應，討個吉利的兆頭。

炒黃豆的習俗與「金豆開花」的傳說有關。相傳，唐朝時武則天做皇帝，惹怒了天上的玉皇大帝，玉皇大帝下旨，四海龍王三年內不得向人間降雨，以示懲戒。掌管天河的玉龍心地仁慈，不忍百姓受災，遂違背玉帝旨意，偷偷施雲降雨，解了百姓之厄。玉龍卻因此觸犯了天規，被玉帝打下天宮，壓在大山之下，並立碑曰：「玉龍降雨犯天規，當受人間千秋罪。要想重登凌霄閣，除非金豆開花時。」人們有感於玉龍施恩，千方百計地尋找可以開花的金豆來拯救玉龍，但一無所獲。直到第二年二月初二，人們在翻晒黃豆種子的時候，發現黃澄澄的種子很像金豆，炒一炒便開了花，這不就是「金豆開花」嗎？於是，這一天家家戶戶都炒黃豆，並將開了花的「金豆」供給玉皇大帝看，使玉皇大帝赦免了玉龍。玉龍得以重歸天界，繼續為人間施雲布雨，造福百姓。

從此以後，二月初二吃炒黃豆的風俗便一直相傳不衰。不過，有的地方不是吃炒黃豆，而是吃爆玉米花。

▌花朝節

中國是花的國度，全世界約有三萬種花卉，而原產於中國的花卉就有近兩萬種。

花朝節，又稱為「花神節」、「花神生日」、「百花生

日」，時間在各朝代、各地區有所不同。清代以後，一般北方以二月十五為花朝節，南方則以二月十二為花朝節。這與中國南北方氣候不同有關。

傳說中，花王掌管著人間的生育。因此每逢花朝節這一天，古人都要舉行各種活動，以求花木茂盛，百物豐收。花朝節的風俗在各地也有所不同，主要有種花、賞花、採摘野菜、祭花神、放花神燈等項目。節日期間，人們結伴出遊，賞花踏青，女孩們剪些紅綢之類的東西罩在花枝上，稱為「賞紅」或「護花」。清末張春華〈滬城歲事衢歌·詠花朝〉云：「春到花朝碧染叢，枝梢剪彩裊東風。蒸霞五色飛晴塢，畫閣開尊助賞紅。」此詩就是這一習俗的寫實。

清·沈燧〈花神圖〉

六、春天的其他節俗

　　唐代武則天執政時期（西元六九〇至七〇五年），花朝節在全國盛行。武則天非常喜歡花，每到農曆二月十五這一天，她總要遣宮女採集百花，然後和米一起搗碎，蒸成百花糕賞賜群臣。後來，這種風俗在民間漸漸流行起來，百花糕也就成了花朝節的特色食品。

　　明代田汝成的《西湖遊覽志餘·熙朝樂事》中記載：「二月十五日為花朝節。蓋花朝月夕，世俗恆言二、八兩月為春秋之中，故以二月半為花朝，八月半為月夕也。」「花朝」即百花盛開的清晨，「月夕」即皓月當空的夜晚，兩者均為難得的良辰美景。可見，在當時，人們將「二月半」（二月十五）的花朝節與「八月半」（八月十五）的中秋節視為同等重要的良辰佳節。

七、端午節

七、端午節

▍端午節的來歷

端午節是中國古老的傳統節日，過端午的習俗由來已久，約始於春秋戰國之際，至今已有兩千多年的歷史。其起源大致有四種說法。

一說源於紀念屈原。南朝梁吳均在《續齊諧記》中記載粽子之起源，宗懍在《荊楚歲時記》中載龍舟競渡之起源，均謂紀念屈原。

一說源於龍圖騰崇拜。聞一多《端午考》有詳細考證：第一，端午節這個古老的節日，遠在屈原去世以前已經存在；第二，端午節吃粽子和賽龍舟這兩個主要活動，都與龍相關。聞一多先生認為，端午節「是古代吳越民族 ── 一個龍圖騰團族舉行圖騰祭的節日，簡言之，一個龍的節日」。

一說源於古代惡日。漢代《史記》、《風俗通義》、《論衡》等書中都有「不舉五月子」之俗的記載。古代民間認為五月是「惡月」、「毒月」，這個月的五日為「惡日」，會發生各種不好的事情。所以，這天人們要喝雄黃酒，貼符，插艾葉等，來驅除邪氣，並且人們還避諱「端五」的說法，稱之為「端午」。

一說端午節源於夏至。夏至是中國二十四節氣中的一個重要節氣，大約在農曆五月中旬，意味著炎炎夏日的到來。南朝梁《荊楚歲時記》載「夏至節日食粽」，可見端午源自

夏至的說法也有一定的依據。

　　以上各說流傳最廣、影響最大的是第一說。千百年來，屈原的愛國精神和動人詩篇已經深入人心，所以在民俗文化領域，人們把端午節的賽龍舟和吃粽子與紀念屈原連繫在一起。端午是中國傳統的「陰曆四節」（春節元旦、夏節端午、秋節中秋、冬節冬至）之一。二〇〇九年九月三十日，聯合國教科文組織保護非物質文化遺產政府間委員會審議並批准將中國端午節列入人類非物質文化遺產代表作名錄。

▍端午節的風俗

　　端午之際，主要有吃粽子、戴香包、插艾草、纏五色絲等習俗，南方還會舉行龍舟競渡等活動。

　　相傳吃粽子的習俗與紀念屈原有關。愛國詩人屈原懷揣著亡國的巨大悲痛，於五月五日投汨羅江而死，人們紛紛用竹筒裝米，投入江中，以使魚蝦不損傷他的軀體。以後，每到這一天，人們就將裝米的竹筒投入江中祭奠屈原，表示對屈原的崇敬與懷念。除了筒粽之外，還有用艾葉、葦葉、荷葉來包粽子的，外面用五色絲線捆好。從此，粽子逐漸成為端午節的傳統食品。

　　戴香包、插艾草、纏五色絲等習俗，與驅「五毒」的傳說相關。清代呂種玉的《言鯖‧穀雨五毒》中載：「古者青、

齊風俗，於穀雨日畫五毒符，圖蠍子、蜈蚣、蛇虺（ㄏㄨ
ㄟˇ，傳說為一種毒蛇）、蜂、蜮（ㄩˋ，傳說為水中的怪
物）之狀，各畫一針炙，宣布家戶貼之，以禳（ㄖㄤˊ，祈
禱消除）蟲毒。」後人多於端午節在門上貼「五毒圖」。端
午節時值初夏，毒蟲漸趨猖獗，此俗反映了人們除害防病的
良好願望。香包（又稱「荷包」、「香囊」，古稱「容臭」）
中多裝有艾葉、雄黃、蒼朮等草藥，戴於胸前，亦可驅毒
蟲、散濁氣。艾草味辛，是一種芳香化濁的藥物，將其插於
門旁，也是為了驅瘟毒、避邪氣。纏五色絲之俗，約始於漢
代。五色絲，又稱「朱索」、「百索」、「辟兵繒」、「長命
縷」、「續命縷」、「花花繩」等，用五色線編成，纏於兒童
手腕、足腕，也可掛於胸前或戴於髮際，民間傳說這樣可以
驅趕五色毒龍，確保兒童身體健康。

　　除上述主要習俗外，端午之際各地還有掛老虎索、掛菖
蒲、掛葫蘆、滾雞蛋、飲雄黃酒、鬥「百草」等習俗。

▋ 插艾懸蒲

　　民諺曰：「清明插柳，端午插艾。」「柳」即柳枝，「艾」
即艾草。端午這天，民間多在門口插上艾草，以驅瘟避邪。
最晚在晉代的時候，已經有了端午插艾的風俗。

　　艾草，又稱「艾蒿」「家艾」，古代又稱「冰臺」，是

一種多年生草本植物，莖、葉皆可以入藥，性溫味苦，有祛寒、除溼、止血、活血及養血的功效。葉片晒乾製成艾絨，可用於灸療。因它的莖、葉都含有揮發性芳香油，所產生的奇特芳香可驅蚊蟲，淨化空氣，具有很好的殺菌作用。南朝陶弘景在《名醫別錄》中就說：「艾，主灸百病。」可見艾草具有很高的藥用價值。端午節前後，正是艾草長得最好的時候，此時採摘的艾草療效也最好。因此，人們便在端午時節採擷艾草，掛於門上，以驅瘟避邪；或將艾草編製成人形、虎形，稱為「艾人」、「艾虎」；或將艾草與其他草藥混合，製成香包、香袋，佩戴在身上或贈送親友，一者取其香味，二者表示祝福。

艾草　　　　　　菖蒲

艾草與菖蒲

七、端午節

　　早期的端午節只在門上掛艾草，後慢慢發展為同時懸掛菖蒲和艾草。菖蒲是一種多年生的水生草本植物，有香氣，葉子又直又尖，形狀似劍。初夏開花，花色淡黃。全草為提取芳香油、澱粉和纖維的原料，根莖亦可入藥，性溫味辛，可以提神通竅、健骨消滯、殺蟲滅菌。民間在端午節常將菖蒲與艾草扎束，掛在門前，合稱為「蒲劍艾旗」。

　　可見，古人在端午節插艾草和菖蒲來防病驅邪，是有一定道理的。端午節也是「衛生節」，人們會在這一天灑掃庭院，插艾懸蒲，殺菌防病，驅邪避疫。在端午節時，家家戶戶在門前懸掛艾草和菖蒲，成為代代相傳的一大習俗。

▌纏五色絲

　　五色絲，又稱「朱索」、「百索」、「辟兵繒」、「長命縷」、「續命縷」、「花花繩」等，是用五種顏色的絲線編織而成的。絲的顏色分為青、赤、白、黑、黃五色，這與中國傳統文化中的陰陽五行的理論有關，分別象徵東、南、西、北和中央，所以絲線雖是小物件，但蘊含著五方神力，能夠驅魔辟邪。端午節繫五色絲習俗的產生至遲不會晚於漢朝，東漢應劭的《風俗通》中有對五色絲的相關記載。

五色絲

　　端午節這一天，人們把五彩絲線編結成繩線，呈鐲子形狀，將它纏繞在兒童的手腕或者腳踝上。或用彩繩連接金銀打成的錢鎖，掛在兒童的脖頸上，垂於胸前，以示長命和辟邪之意。《荊楚歲時記》記載：「以五彩絲繫臂，名曰辟兵，令人不病瘟。」成書於宋代的《西湖老人繁勝錄》也記載：「端午節，撲賣諸般百索，小兒荷戴，繫頭子，或用綵線結，或用珠兒結。」五色絲的習俗原為辟邪驅瘟，後來又添加了人們為了助屈原驅蛟龍，而在粽子外面纏上五色線以使蛟龍畏怯的說法，同樣突出了五色絲驅邪的功能。

　　在全國很多地方，還要送五彩繩，如山東沂蒙山區一帶，等到端午節之後降卜第一場雨時，要把繫在兒童手臂上、腳腕上或者脖頸上的編結絲繩解下來，扔到淌水的溝渠

或者河裡，順水流走，據說可以帶走所有的霉運及煩惱。而在江南一帶，則要等到七夕節的時候，才能把五彩繩解下來，扔到屋頂上，謂之「送健繩」，既可讓喜鵲銜到天上去給牛郎織女搭橋相會，也可保兒童袪病健康、除邪平安。總之，無不是希望兒童能夠健康成長，納吉祈福。

▌贈香包

端午節這天，佩戴香包是民間的習俗。戴香包也頗為講究。老年人為了防病健身，一般喜歡戴梅花、荷花、桃子、蘋果等圖樣的香包，象徵著身體安康，萬事如意，平安長壽。兒童一般喜歡佩戴老虎、豹子、猴子、兔子等各種動物形狀的香包，象徵著天真無邪，靈巧活潑。

各地製作的香包形狀不一，材料也不一樣。有的是用碎布縫成的，有的是用五色絲線纏成的。人們一般會在香包裡裝入雄黃、沉香和具有芳香氣味的中草藥，如艾葉、白芷、蒼朮、細辛、菖蒲、丁香、甘松、辛夷、薄荷、紫蘇、藝香草等，戴於胸前，不僅香氣撲鼻，而且具有驅毒蟲、散濁氣等作用。每逢端午節，母親會做香包給孩子戴在身上，以防邪氣侵身，達到避凶就吉的目的。可見，香包被認為是可以辟邪的物品。

香包

最初香包的主要功能是驅避惡氣，保護健康，並不注重形式。後來香包逐漸成為佩飾，故在工藝、材料和形式上越來越考究。香包除了具有避邪和裝飾的作用，還是男女之間表達愛情的物品。特別是女孩子們，常常會親手繡製精美的香包贈予男方，以表達自己的愛慕與牽掛。因為香包既精緻美觀又有益身心，還蘊含著吉祥如意的文化內涵，所以端午節時民間為辟邪而以香包相贈的傳統，逐漸擴展為後來情人之間以香包作為定情信物的習俗。

▍中國的詩人節

今天，我們過端午節，首先會想到詩人屈原。

雖然聞一多先生以及很多專家考證發現，早在屈原生活的年代之前，端午節的習俗就已經產生了，但是人們更願意把端午節看成是紀念屈原的節日。端午節這天，人們透過吃粽子、賽龍舟等活動表達對屈原的崇拜與敬仰之情。屈原的愛國精神早已深入人心，沉澱為中華民族文化的一部分。

歷代有不少詩人在端午節這一天觸景生情，寫下詩篇來懷念這位偉大的愛國詩人。文人雅士無數精美的詩篇，既強

七、端午節

化了屈原的文化品格，也使屈原的事跡得以廣泛流傳。如唐代文秀的《端午》：「節分端午自誰言，萬古傳聞為屈原。堪笑楚江空渺渺，不能洗得直臣冤。」再如宋代張耒在觀看賽龍舟時所作的《和端午》：「競渡深悲千載冤，忠魂一去詎（ㄐㄩˋ）能還。國亡身殞今何有，只留《離騷》在世間。」懷才不遇的文人還經常借屈原的故事暗喻自己的遭遇，如宋代梅堯臣的〈五月五日〉：「屈氏已沉死，楚人哀不容。何嘗奈讒謗，徒欲卻蛟龍⋯⋯」詩人在懷念屈原時產生了強烈的共鳴，抒發了懷才不遇的悲憤。

屈原的傳說使端午節更為莊嚴神聖，富有深厚的文化意蘊，大量描寫端午、懷念屈原的詩歌也使端午節充滿了無限詩意。所以，在一九四〇年代，為了鼓舞民眾鬥志，使民眾同仇敵愾，一致抗日，文藝界把端午節定為「中國的詩人節」，以紀念傑出的愛國詩人屈原。

屈原

▌吃粽子、飲雄黃酒

粽子，古稱「角黍」、「筒粽」。用菰（ㄍㄨ）葉將黍米包成牛角狀，或用蘆葉、竹葉、乾荷葉包裹糯米，煮熟後食用的，稱為「角黍」；用竹筒將糯米密封起來烤熟的，稱為「筒粽」。粽子的形狀一般有尖三角形、正三角形、方形、長形等。由於各地的飲食習慣不同，粽子形成了南北不同的風味。北方的粽子基本都是甜味的，用料是糯米，還有糯米加豆沙或者紅棗的，用棕葉或蘆葦葉包裹，外用稻草葉或五色線捆紮。而南方既有白粽子和甜粽子，又有肉餡的鹹粽子。千百年來，端午節吃粽子的風俗在中國盛行不衰，而且這種風俗也流傳到朝鮮、日本及部分東南亞國家。

據晉代周處《風土記》記載：「仲夏端午，烹鶩角黍。注曰：端，始也。謂五月初五日也……以菰葉裹黏米煮熟……一名粽，一名角黍。」可見，在晉代，粽子就成為端午節慶食物了。南朝梁宗懍的《荊楚歲時記》僅提到「夏至日食粽」，後人也據此認為端午節起源於夏至。將端午吃粽子的習俗與紀念屈原連繫在一起，始見於南朝梁吳均的《續齊諧記》，其中記載：「屈原五月五日投汨羅水，楚人哀之。至此日，以竹筒子貯米投水以祭之。」此後，端午吃粽子是為了紀念屈原的說法就在民間開始流傳起來。明代李時珍

七、端午節

《本草綱目·穀部》中對「粽」的記載為：「今俗五月五日以為節物相饋送。或言為祭屈原，作此投江，以飼蛟龍也。」

端午除了吃粽子，還有飲雄黃酒的習俗，這在長江流域非常盛行。古人認為雄黃可以克制蛇、蠍等毒蟲，並認為雄黃酒可以驅妖避邪。

雄黃是一種礦物質，俗稱「雞冠石」。一般飲用的雄黃酒，只是在白酒或自釀的黃酒裡加入微量雄黃而成，雄黃酒有殺菌、驅蟲、解「五毒」的功效。古代沒有碘酒之類的消毒劑，用雄黃泡酒，可以祛毒解癢。未到喝酒年齡的兒童，則在額頭、耳鼻、手足心等處塗抹雄黃酒，意在消毒防病，蚊蟲不叮。

▌龍舟競渡

龍舟與中華民族傳統文化中的龍圖騰崇拜有關。已出土的青銅器、帛畫等戰國時期文物都有划龍舟的形象，所以說龍舟競渡早在戰國時期就已經出現。據考證，端午節龍舟競渡源於古代吳越民族舉行的龍圖騰祭祀。

隨著歷史的演進，端午賽龍舟與許多歷史人物的祭祀連繫在一起，使這一傳統習俗的文化內涵不斷豐富，並作為一種民間體育競技活動被傳承下來，延續至今。

　　端午節這天，全國各地尤其是南方地區會舉行壯觀、熱鬧的龍舟競渡活動，相傳是為了紀念愛國詩人屈原。此外還與伍子胥、曹娥、越王勾踐、近代愛國志士秋瑾等歷史人物有關。其中紀念屈原一說影響最大，流傳最廣。

　　古代龍舟競渡場面十分浩大，地方官員、百姓皆臨水而觀。唐人張建封的〈競渡歌〉描繪了湖南岳州端午龍舟競渡的熱鬧場面：「兩岸羅衣破暈香，銀釵照日如霜刃。鼓聲三下紅旗開，兩龍躍出浮水來。棹影斡波飛萬劍，鼓聲劈浪鳴千雷。鼓聲漸急標將近，兩龍望標目如瞬。坡上人呼霹靂驚，竿頭彩掛虹蜺暈。前船搶水已得標，後船失勢空揮橈。」龍舟競渡的那一天，岸邊萬人圍觀，鼓樂喧天；水上龍舟飛馳，乘風破浪，競技奪標，極為壯觀。

　　從遠古時期，人們就相信龍威力無窮，乃萬獸之首，而且也是掌管人間雨水的天神。在早期農耕社會，自然的力量無比神祕，人們祈求風調雨順、五穀豐登，就想方設法地娛神、悅神。於是，人們以龍舟擬龍來娛悅神龍的行為也就產生了。龍舟競渡與中國的農耕文化關係密切，是人們農事信仰的一種美好寄託。隨著時代的發展，人們又不斷豐富其文化內涵，使龍舟競渡逐漸演變為驅災除疫、納吉祈福的民俗活動。

七、端午節

龍舟競渡

八、夏天的其他節俗

▌夏至 ── 夏天的到來

夏至是中國傳統的二十四節氣之一，一般在每年西曆的六月二十一日或二十二日。「至」就是陽氣至極、陰氣始至或日行北至的意思。到了夏至這一天，太陽運行至黃經九十度，也就是人們所說的「夏至點」（目前處在雙子座），太陽直射地面的位置到達一年的最北端，幾乎直射北迴歸線。此時，北半球各地的白晝時間達到全年最長（北京地區夏至日白晝可長達十五小時），夜晚的時間則為一年中最短。南半球的情況則正好相反。夏至日過後，北半球的白晝將會逐日縮短 ── 也就是民諺中所說「吃過夏至麵，一天短一線」。

對夏至日的測定，早在先秦時期就已經有了明確的記載。當時不僅能夠透過物候測定夏至日的到來，而且已經能夠透過圭表等原始天文儀器對夏至日做出精確的測定。《逸周書·時訓解》篇中就說：「夏至之日，鹿角解；又五日，蜩始鳴。」意思是說：到了夏至這一天，鹿角就會脫落；再過五天，樹上的蟬就開始鳴叫。這是透過物候對夏至日的預測。《周禮·春官·馮相氏》中有「冬夏致日」之句，漢代鄭玄為此句所作的註釋進一步解釋了這句話的意思：「夏至，日在東井，景尺五寸。」意思是說：夏至這一天，太陽的位置在二十八星宿中的井宿，透過圭表測量出太陽的影子

有一尺五寸。這是透過圭表等古代天文儀器對夏至日的精確測定。

　　夏至既然是一年中重要的一天，自然也有許多風俗流傳於民間。比如南朝梁宗懍的《荊楚歲時記》中就記載了江南地區在夏至這一天吃粽子，並用菊花灰防止小麥生蟲子的習俗。至今仍有「冬至餃子夏至麵」的說法，個別地方還有吃夏至餅、煮新麥粒等習俗。

▋「入伏」與「出伏」

　　「入伏」是進入伏天的意思，「出伏」則象徵著伏天的結束。伏天是一年之中最熱的時候，約在每年西曆的七月中旬到八月中旬，因分為初伏、中伏、末伏，故又稱「三伏」。一般認為，「伏」字有兩層意思：一是隱伏（不出），即居家避暑之義。因入伏之後天氣炎熱，所以人們盡量躲在家中以避暑熱。二是潛伏（寒冷），因夏至之後白晝漸短，黑夜漸長，炎熱之中潛伏著寒冷。古人則是根據五行相生相剋及干支紀時的知識來解釋，比如唐代史學家張守節《史記正義》中就引《曆忌釋》一書中的話說：「伏者何？以金氣伏藏之日也。四時代謝，皆以相生：立春，木代水，水生木；立夏，火代木，木生火；立冬，水代金，金生水；立秋，以金代火，故至庚日必伏。庚者，金日也。」

八、夏天的其他節俗

　　據文獻記載，伏日的說法當起源於春秋秦德公之時。《史記·秦紀》記載：「（德公）二年，初伏，以狗御蠱。」南朝史學家裴駰《史記集解》中引孟康的話說：「六月，伏日初也。周時無，至此乃有之。」張守節的《史記正義》中做了進一步解釋：「六月三伏之節，起秦德公為之，故雲初伏。伏者，隱伏避盛暑也。」可見，西周的時候還沒有伏日的說法，一直到了春秋的秦德公時期才有了關於伏日的記載。

　　那麼，伏日是如何確定的呢？或者說入伏的代表特色是什麼呢？唐代徐堅《初學記》卷四引《陰陽書》中的話說：「從夏至後第三庚為初伏，第四庚為中伏，立秋後初庚為後伏，謂之三伏。曹植謂之『三旬』。」夏至日後的第三個庚日到第四個庚日為初伏，即俗語所說「夏至三庚數頭伏」，初伏的第一天即「入伏」；第四個庚日到第五或第六個庚日為中伏，也叫「二伏」；立秋後的第一個庚日到第二個庚日為末伏，也叫「後伏」或「三伏」。每一個庚日相隔十天。中伏天數不固定，夏至到立秋之間有四個庚日時，中伏為時天；有五個庚日時，中伏為二十天。

夏九九

　　民間節氣中有「夏九九」之說，即從夏至日始，每九天為「九」，從「一九」至「九九」八十一天止。三九、四九是全年最炎熱的季節。

　　據文獻記載，明代就有〈夏九九歌〉：「一九二九，扇子不離手。三九二十七，冰水甜如蜜。四九三十六，拭汗如出浴。五九四十五，頭戴秋葉舞。六九五十四，乘涼入佛寺。七九六十三，床頭尋被單。八九七十二，思量蓋夾被。九九八十一，家家打炭墼（ㄐㄧˊ）。」歌中用乘法口訣的形式，反映了季節與物候、農事和生活的關係。

　　夏九九的說法，後世雖然流傳不廣，但在某些地方仍有傳承。比如北方民間流傳的〈夏九九歌〉是：「一九至二九，扇子不離手；三九二十七，冰水甜如蜜；四九三十六，汗溼衣服透；五九四十五，樹頭清風舞；六九五十四，乘涼莫太遲；七九六十三，夜眠要蓋單；八九七十二，當心莫受寒；九九八十一，家家找棉衣。」湖北老河口一座禹王廟正廳大梁上的〈夏九九歌〉則是：「夏至入頭九，羽扇握在手；二九一十八，脫冠著羅紗；三九二十七，出門汗欲滴；四九三十六，卷席露天宿；五九四十五，炎秋似老虎；六九五十四，乘涼進廟祠；

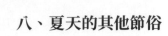

七九六十三，床頭摸被單；八九七十二，子夜尋棉被；九九八十一，開櫃拿棉衣。」

值得注意的是，夏九九的時間比三伏的時間長了一倍還多。三伏一般三十天，最多四十天，而夏九九則有八十一天。

▌熱在三伏

俗話說：「熱在三伏，冷在三九。」意思是說，一年裡頭最熱的時段是夏至以後的三個伏天，而最冷的時候則是冬至以後的三個「九天」。

三伏天之所以成為一年當中最炎熱的時段，一是與太陽直射北迴歸線有關，二是與地熱的散發有關。

在夏至這一天，太陽直射北迴歸線，北半球不僅白天的時間最長，而且得到的太陽輻射熱量也最多。但是，因為這時大地蓄積的寒氣尚未散盡，地內積蓄的熱量還不是最多。所以，雖然太陽輻射熱量日漸增多，但人們感覺到的溫度並不是太高。入伏之後，雖然太陽的位置日漸南移，太陽輻射熱量逐漸減少，但仍然離北迴歸線近，離赤道遠，大地接受的熱量仍比散發的熱量多。再加上入伏以後，地內寒氣已盡，熱量蘊積增多，大地也開始往外散發熱量。於是乎，上蒸下烤，才真正進入了「烈日炎炎似火燒」的三伏天。而三

伏天也就成為一年三百六十五天當中一個特別的時間段。

正因為三伏是一年中一段十分特別的時期，所以出現了與之相關的各種風俗（參見下文）。其中民間廣為流傳的一句話叫「冬練三九，夏練三伏」，許多人認為這句話是說即使在一年中最冷、最熱的時候，也要堅持鍛鍊。其實這是一種誤解。「冬練三九，夏練三伏」是古代對習武之人的練武要求，並不是對普通人養生鍛鍊的要求。習武之人要具備適應不同環境的超常生存能力，要具有「不避寒暑，百毒不侵」的體格，所以才有了「冬練三九，夏練三伏」之說。至於普通人，三九、三伏之際應該注意防寒、防暑才是。

▌伏日風俗

「伏日」一詞有不同的含義。一是指三伏的總稱，即一年當中最炎熱的一段時期；二是專指三伏中祭祀鬼神、祖先的日子，即入伏的那一天。三伏是一年中特殊的日子，所以古人對伏日特別重視。

（1）辟邪防病

因為入伏之後就進入一年中最炎熱的日子，而炎熱往往會導致各種疾病，因此，最早與伏日相關的風俗，都與除邪辟惡、祛毒防病有關。據《周禮·春官》記載：「以夏日至，

致地示物魅。」《史記》、《漢書》中也有秦德公「始作伏
祠」、「以狗禦蠱」的記載。「物魅」是指山魈鬼一類的精
怪;「蠱」是傳說中一種人工培育的毒蟲,也指令人害病的
熱毒惡氣。所以張守節在解釋「以狗禦蠱」時說:「蠱者,
熱毒惡氣為傷害人,故磔(ㄓㄜˊ)狗以禦之。」可見,早
期的伏日風俗都與除邪辟惡、袪毒防病有關。

(2)「薦麥」祭祖

「薦麥」的習俗則來自漢魏時期祭祀祖先的風俗,也稱
「薦瓜」。據崔寔《四民月令》記載:「初伏,薦麥、瓜於祖
祢。」「祖祢」的本義是祖廟與父廟,泛指祖先。這句話意
思是,在六月入伏的這一天,要用新麥和瓜果來祭祀祖先。
這一習俗,後世也一直傳承下來。《舊唐書·段文昌傳》中
就記載,段文昌「以先人墳墓在荊州,別營居第以置祖祢影
堂,歲時伏臘,良辰美景享薦之」。其中就提到伏日祭祖的
習俗。

時至今日,伏日祭鬼神、祀祖先的風俗已逐漸消亡,或
者說轉移到了「薦新麥」、「過夏麥」的風俗之中。

(3) 伏日飲食

伏日的飲食習俗歷史悠久,五花八門。

《荊楚歲時記》中有「六月伏日,並作湯餅,名為辟

惡」的記載，並引用《魏氏春秋》做了進一步說明：「何晏以伏日食湯餅，取巾拭汗，面色皎然，乃知非傅粉。則伏日湯餅，自魏已來有之。」這裡說的是伏日吃湯餅（麵條）的風俗。

西漢宮廷裡有皇帝「賜肉」的風俗。《漢書‧東方朔傳》記載：東方朔（本姓張，字曼倩）是漢武帝時期的郎官，有一年伏日，漢武帝下詔要賞賜諸位郎官一些肉。詔令還未下達，東方朔就拔出劍來割下一塊肉，揣在懷裡走了。漢武帝就問東方朔：「雖然說了賜肉，但你不等下詔就割了一塊肉要走，這是為什麼呢？」於是就讓東方朔做自我批評。東方朔就說：「受賞賜卻不等下詔，是多麼無禮呢！拔出劍來就自己割肉，是多麼豪壯啊！割的肉不多，又是多麼廉潔啊！把肉帶回家去給老婆吃，又是多麼仁義啊！」說得漢武帝哈哈大笑，就說：「本來是讓你做自我批評，你卻自己誇起自己來了。」於是又賜給東方朔一大杯酒、一百斤肉，讓他回去送給老婆。後來民間也有了伏日飲酒食肉的風俗。《漢舊儀》中有「漢魏伏日有酒食之會」的記載，《漢書‧楊惲傳》中也有「田家作苦，歲時伏臘，烹羊炮羔，鬥酒自勞」的記載，說的都是在伏日這一天飲酒聚會的風俗。

古代伏日，帝王常賞賜群臣冰塊，並與群臣飲用冰鎮食物。早在西周時期就有「伏日掘井藏冰」的記載，《周禮‧

八、夏天的其他節俗

天官》的中的「凌人」，就是專門負責夏天「頒冰掌事」的官員。唐代的賈公彥解釋說：「夏頒冰者，據頒賜群臣。言掌事者，謂主此賜冰多少，合得不合得之事。」此後，賜冰與食冰的風俗便開始在民間流傳。

古代採冰圖

漢魏時期，上層社會賜冰、食冰的風氣已較為盛行。據晉代陸翽《鄴中記》記載，東晉十六國時期，後趙皇帝石虎（字季龍）就曾於「冰井臺藏冰，三伏之月，以冰賜大臣」。唐宋時期，夏日食冰的花樣越來越多，僅長安就有「冰瓜」、「冰盤」、「冰宴」等名目。「冰瓜」就是冰鎮的各種瓜果。「冰盤」則是在盤子上放上碎冰，再在上面擺列菱藕瓜果等食物，如唐代韓愈〈李花〉詩中「冰盤夏薦碧實脆，斤去不御慚其花」兩句就提到了「冰盤」。至於「冰宴」，

《開元天寶遺事》中就記載了楊家（楊貴妃的娘家）於盛夏之際舉行冰宴的事情：「楊氏子弟，每至伏中，取大冰使匠琢為山，周圍於宴席間。座客雖酒酣，而各有寒色，亦有挾纊（ㄎㄨㄤˋ）者。」可見當時豪門之家的驕奢之態。宋代劉放的〈末伏〉詩中則提到賜冰的風俗：「每歲長安猶暑熱，內官相屬賜冰回。」這種風氣一直延續到明清時期。比如明代何大復的〈苦熱行〉「美人冰盤薦朱李，道上行人多渴死」，李開先的〈苦熱〉「官微罷復久，賜冰胡可得」，都是借食冰、賜冰表現階級及地位的差異；清初孫枝蔚的〈古別離〉詩「別君六月中，冰盤浸碧藕」，則是借冰盤寫別情。到了清代，食冰的風俗已不再限於上層社會，民間也有了吃冷飲、冷食的習俗。晚清顧祿的《清嘉錄》中就記載了江浙一帶夏日擔賣涼冰的情景，所賣的冰鎮食物有「冰楊梅」、「冰桃子」等。清末徐珂編撰的《清稗類鈔》中則記載了北京地區夏日用「冰果」宴客的風俗。現在雖然夏日的冰鎮食物多得數不勝數，但已經失去了過去「夏日食冰」所具有的文化意蘊。各式各樣的冰鎮食物，只是人們用來避暑取涼的方式而已。

時至今日，某些地區仍然非常重視伏日的飲食，有「頭伏餃子二伏麵，三伏裡頭吃雞蛋」的說法。

八、夏天的其他節俗

九、夏秋之際的節日

九、夏秋之際的節日

▌六月六

六月六，又稱「蟲王節」、「天貺節」、「晒衣節」、「晒經節」等。這是一個小節，節日活動不多，主要有晒衣、晒書、藏水、人畜洗浴、祭祀祈福、回娘家探親等習俗。

古代在這一天祭蟲王，故人們稱六月六為「蟲王節」。這一天，人們要在農田、庭院裡焚香祭祀，祈求莊稼豐收。

有些地方則在這一天曝衣晒物和沐浴，所以六月六又稱為「晒衣節」或「晒伏」。北京的寺廟在這一天要舉行晒經會，把所有的經書都要擺出來晾晒，以除潮去溼、防蟲防蛀。相傳這一天連皇宮裡也要把鑾駕、衣物、書籍拿出來晾晒。民間亦是如此，各家店鋪都要晾晒各自的商品，百姓家中也要晒衣服、被縟。民諺有云：「六月六，家家晒紅綠。」「紅綠」就是指五顏六色的衣服。

晒經

　　每到六月六，婦女還要藏井水來製作醬醋。相傳用這一天的水製作的醬醋，味道特別鮮美。關於藏井水的風俗，明人沈榜在《宛署雜記》中記載：「六月六日，各家取井水收藏。以造醬醋，浸瓜茄。水取五更初汲者，即久收不壞。曝所有衣服，是日朝內亦晒鑾駕。」

　　六月六還是傳統的「回娘家節」、「女兒節」。傳說，春秋戰國時期，晉國的大臣狐偃曾在跟隨和保護晉文公重耳流亡列國時立下功勞，後被封為宰相。他漸漸驕傲自大，氣死了親家趙衰。有一年晉國遭災，狐偃出京放糧，女婿想趁著狐偃六月初六過生日的時候，為父親報仇，殺死狐偃。女兒得知此事後趕回娘家報信，狐偃如夢初醒，深知自己有錯在先，悔恨不已，不僅沒有怪罪女婿，而且決定在每年的六月初六接女兒、女婿回家團聚。民間效仿此舉，也在六月初六這一天接女兒回娘家團聚，遂相沿成俗。民諺「六月六，請姑姑」就是說的這個習俗，所以有的地方也把「回娘家節」稱為「姑姑節」。

　　這一天也舉行一些娛樂活動，主要有郊遊、觀荷花、染手指甲、游泳、吃炒麵等。需要注意的是，有的地方將五月初五當作女兒節。清代潘榮陛的《帝京歲時紀勝·五月·端陽》云：「飾小女盡態極妍，已嫁之女亦各歸寧，呼是日為女兒節。」《宛平縣志》也說：「五月五日……幼女佩紙符，簪榴花，曰女兒節。」

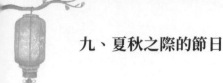

九、夏秋之際的節日

　　五六月間的親戚往來，不僅僅局限於姻親之間的走動，除了已出嫁的女子要回娘家歇暑之外，其他親戚也有所往來。《濰縣志稿》中記載：「六月六日……用新麥炒熟磨細，謂之炒麵。親友間互相饋贈。」現在山東臨朐一帶仍有「走六月」的習俗，當為「回娘家節」習俗的傳承。

▎七月七

　　七月七七夕節是女性的節日，女子一般都在這天乞巧，所以也稱為「乞巧節」。七夕節又是愛情的節日，相傳這一天是每年一度的牛郎和織女鵲橋相會的日子。近年來，也有人將七夕節稱為「中國的情人節」，這是與西方的情人節相比較而言的。

（1）牛郎織女的故事

　　七夕節的起源與牛郎織女的故事有關。據《後漢書》等古籍記載，織女乃是天上的星宿，是天帝的孫女。織女心靈手巧，所織的雲錦天衣無人能比，因此深受天帝的寵愛。天帝憐其獨處，將她許配給河西的牛郎。織女出嫁後，荒廢了織紝事務。天帝極為生氣，責令她與牛郎分開，只有每年農曆七月七日夜晚，她才可以渡過銀河與牛郎相會。

牛郎織女

　　不過，民間廣為流傳的牛郎織女的傳說與文獻記載的有
所區別。傳說織女是王母娘娘的女兒，善於編織五彩祥雲
（天衣）。織女私自下凡與牛郎結為夫妻，兩人過著男耕女
織、幸福美滿的生活，並育有兩個孩子。後來，此事被王母
娘娘知曉，她命天兵天將把織女抓回天庭。牛郎得老牛相助
追上天界，卻被王母娘娘用金簪劃成的銀河阻攔，不得與織
女相見。後來，牛郎的痴情與兩個孩子的啼哭打動了王母娘
娘，於是允許他們二人在每年農曆的七月七相會。那一日，
成群的喜鵲會飛到銀河上為他們搭起鵲橋，使兩人相見，以
解相思之苦。傳說在這一天的晚上，如果靜靜地躲在葡萄架
下，就能聽到牛郎、織女說的悄悄話。

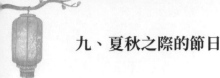

這個美麗的愛情故事當然只是一則神話。不過在七夕夜晚，天朗氣清的時候，人們抬頭仰望星空，確實可以看見銀河兩邊兩顆較大的星星在閃爍，那就是織女星和牽牛星。和牽牛星在一起的還有兩顆小星星，那就是傳說中牛郎用扁擔挑著的兩個孩子。

(2) 乞巧

傳說中織女是天上最心靈手巧的神仙，於是人們認為，七月七日，只要虔誠地祭拜，織女就會把自己的一手巧活傳於人間，使世間女子的手也變得靈巧無比。因此，在民間又流行著七夕節乞巧手的習俗。這種風俗在漢代《西京雜記》中就有所記載，漢代女子七夕「穿七孔針」的遊戲，就是後來乞巧的雛形。到了魏晉南北朝時期，民間女子乞巧的風俗正式形成。《荊楚歲時記》中記載，每到農曆七月七牛郎與織女相會的時候，女子就用彩色絲線穿七孔針。乞巧所用的針，分為雙孔、五孔、七孔、九孔等，其中七孔針最常被女子用來乞巧，可能是因為與七月七相配。在七夕夜晚，女子用彩色的絲線對著月光穿針，誰先穿過便是得巧。穿針乞巧充滿了競技的趣味，將才藝展示與遊戲化的競賽結合在一起，增添了節日的熱鬧氛圍。除此之外，古代女子還會在庭院中擺設盛有瓜果的香案，向織女乞巧。

乞巧（從左至右：蛛絲乞巧，穿針比巧，丟針卜巧）

　　隨著時代的發展，乞巧節的活動花樣越來越多。到了唐宋時，乞巧已經成為深受女子喜愛的比賽心靈手巧的娛樂活動。除了準備瓜果敬獻織女和穿七孔針之外；唐朝時，人們還會捕捉蜘蛛放在盒子裡，到了第二天看蜘蛛所結網的疏密，蛛絲網稠密者得巧多，而稀疏者則得巧少。用蜘蛛結網來卜巧新穎有趣，深受當時女子的喜愛。發展到宋代，又有了新的乞巧方式：提前將綠豆、紅小豆、麥粒等放在水中浸泡，伸其生根發芽，然後比較誰的芽苗長得最長，誰就得巧最多。

九、夏秋之際的節日

　　明清時期，還出現了丟針乞巧的遊戲活動。在七夕節的白天，人們先放一盆水在太陽下曝晒，經過一段時間之後，空氣中的塵土會在水面形成一層薄膜。這時候就可以丟針卜巧了。把針輕輕地丟在水裡，針受薄膜的支撐，會漂浮在水面上。這個時候，觀察針在水底投射的針影形狀，若呈雲彩、花朵、鳥獸、剪刀等形狀者，便是得巧；反之，如果呈現的是細如線、直如矢或者粗如槌的形狀，就是沒有得巧。這一乞巧活動在明清兩代都非常流行。它類似於占卜，不是依靠才藝，更多的是憑藉運氣來得巧，遊戲變得更有趣味性。清代王士禎〈都門竹枝詞〉云：「七夕針樓看水痕，家家小婦拜天孫。明朝得巧拋針線，別買宣窯蟋蟀盆。」就是記載了當時盛行的丟針卜巧的習俗。

　　除了以上各式各樣的乞巧遊戲與活動以外，民間還有做巧果、吃巧食的習俗。七夕的時候，人們用麵粉或者米粉製作的油炸點心，因用來供祀雙星（牽牛星與織女星），所以稱為「巧果」。巧果源於北宋時期，當時稱為「果食」。宋代孟元老的《東京夢華錄‧七夕》云：「又以油麵糖蜜造為笑靨兒，謂之『果食花樣』，奇巧百端，如捻香方勝之類。若買一斤數，內有一對被甲冑者，如門神之像……謂之『果食將軍』。」其意為用食用油、麵粉、白糖、蜂蜜等食材做成捻香、方勝等圖樣的巧果，在街市上售賣，如果買一斤巧

果，還會贈送一對門神將軍模樣的巧果。清代顧祿在《清嘉錄‧七月‧巧果》中記載，七夕前幾日，街市上就已經有賣巧果的了，有的用白糖和麵粉，做成「苧（ㄓㄨˋ）結」的形狀，經過油氽之後變得非常香脆。

除了做巧果，各地還有吃巧食的習俗。巧食也是一種重要的乞巧飲食。如在山東地區，有的地方用面蒸成各種動物或水果的形狀，有的地方則是吃水餃、麵條、餛飩、包子等巧食。做巧果、吃巧食的習俗，一是為了在眾人相聚的時候比試手藝的巧拙，二是認為做巧果、吃巧食以後能得巧。每年的七月七，各家年輕的女子相聚在一起，一邊做巧果、吃巧食，一邊說說笑笑，好不熱鬧。

各種形狀的巧食

九、夏秋之際的節日

▌中元節

中元節本為古「三元」之一，後來融合了佛教目連救母的故事，逐漸演變為民間的「鬼節」。鬼節，俗稱「七月半」，山東各地要在這一天上墳祭祖，以告慰祖先亡靈，表達對祖先的緬懷之情。

佛教傳入中國以後，中元節因盂蘭盆會又稱「盂蘭盆節」。盂蘭盆會本為佛教節日，來源於目連救母的故事。目連，又稱「目犍連」，全稱為「摩訶目犍連」。目連救母的故事最早見於西晉竺法護所譯的《佛說盂蘭盆經》，其中所載的故事是：

目連經過艱苦的佛法修行而獲得了「六通」（神足通、天眼通、天耳通、他心通、宿命通、漏盡通）的靈力。他想憑藉自己的非凡靈力，報父母的養育之恩，救度他們到極樂世界。這時，他用「六通」中的「天眼通」觀看六道中的眾生，看見死去的母親正在餓鬼道中，沒有飯吃，瘦得皮包骨頭。目連內心哀痛不已，就用鉢盂盛飯，給母親送去。母親得飯，急忙以左手接鉢，右手拿飯往嘴裡塞，而飯未到口，就已變成火炭，根本吃不著。目連難過地號咷大哭，急忙跑回去向佛祖釋迦牟尼求救。佛祖說：「你的母親罪孽深重，不是你一個人所能奈何的。你雖然非常孝順，此情感動天地，但是天神也不能徇私枉法，必須借助十方眾僧的神通，

你母親才能得救，一切遭難的人才能脫離苦難。」目連迫不及待地懇求佛祖明示。佛祖說：「你應該在七月十五這天，為前世的父母及現在的父母準備飯食、各種水果以及世上各種好東西，放置在盆中供養眾僧，祈求眾僧保佑現在的父母長命百歲，沒有病痛、苦惱和憂患；也使前世的父母能夠脫離苦海，享受幸福安樂。」目連照佛祖旨意，七月十五這天設盂蘭盆，盛滿世間食、用的美品，供十方大德眾僧享用。目連的母親果然從餓鬼道中解脫出來。這就是盂蘭盆會的來歷，後來成了佛教重要的節日之一。目連救母的故事主要是為了宣傳佛教，講述供養僧佛的功德。在古印度佛門中的確有目連其人，但在印度佛教中並沒有對其孝行大加宣揚。這是佛經的翻譯者竺法護為了迎合中國傳統文化中「百善孝為先」的價值追求，借印度目連之名編造的一個孝子下地獄救母的故事。這與華人深層的文化心理相契合，所以目連救母的故事在信眾和俗眾間獲得了普遍的認同，在民間廣為流傳起來。據《東京夢華錄》記載，北宋時以目連救母故事為題材的雜劇連續演出了八天，觀看的民眾有增無減，可見其在民間是非常受歡迎的。

　　「盂蘭盆」是梵文的音譯，意為「解救倒懸」，也指農曆七月十五用於超度亡人的供器。南朝梁以降，盂蘭盆節成為民間超度先人的節日。人們在這一天會邀請僧尼結盂蘭盆

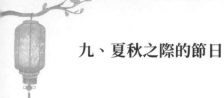

九、夏秋之際的節日

會，誦經施食。後來演變為僅舉行祭祀儀式而不邀請僧尼。北齊顏之推的《顏氏家訓・終制》謂：「若報罔極之德，霜露之悲，有時齋供，及七月半盂蘭盆，望於汝也。」

盂蘭盆會

　　中元節時舉行盂蘭盆會，有些地方還有放河燈和大型紙船的習俗。放河燈，也稱為「放水燈」、「照冥」。河燈，一般是用彩紙、瓜皮、麵碗、木板等做成荷花形狀，並在底座上放燈盞或者蠟燭。中元節的夜晚，人們把河燈放在水中，河燈順流而下，河上燈火搖曳，朦朦朧朧，若隱若現，遠遠望去，恰似天上點點繁星一般。

河燈

　　人們站在岸邊看著河燈越漂越遠，在心中默默地為亡魂祈禱。如果河燈沉沒水中，就說明亡魂已經渡過了奈何橋，得到了拯救，可以投胎轉世了。如果河燈在水面上盤旋不前，或被河中的水草纏住難以前行，就是亡魂心中有所羈絆，不忍離去。這時岸上的人們會想方設法地讓河燈繼續前行，順流而下，因為人們希望亡魂可以獲得解脫，遠離苦海，到達歡樂的彼岸。直到夜色漸深，河面上的河燈漸漸稀疏，水面重歸靜寂，人們才離岸歸家。

　　可見，民間認為，中元夜放河燈，可以照亮幽冥地獄，給那些亡魂孤鬼引路，解脫其痛苦。如現代作家蕭紅在《呼蘭河傳》中所說：「七月十五是個鬼節；死了的冤魂怨鬼，不得託生，纏綿在地獄裡非常苦，想託生，又找不著路。這一天若是有個死鬼託著一盞河燈，就得託生。」

九、夏秋之際的節日

中元節放河燈，可能是由上元節（元宵節）的張燈習俗演變而來。民間認為，上元節是「人節」，要張燈結綵，歡聚慶賀，祈求祥瑞，中元節是「鬼節」，也同樣要張燈。水下神祕昏暗，使人想到傳說中的幽冥地獄。所以上元節張燈是在陸地上，而中元節張燈則是在水上。

中元節期間，因地域不同，各地的食俗也不一樣，不過大都以素食為主。如在華北地區的農村流行著七月十五送麵羊的習俗。羊在古代代表著吉祥之意，如漢代《說文解字》載：「羊，祥也」，又如甲骨文《卜辭》中也說「羊」通「祥」。親戚鄰里之間互送麵羊，以表和美、吉祥之意。

十、八月十五中秋節

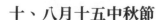

十、八月十五中秋節

▎中秋節的來歷

中秋節，或稱「仲秋節」、「秋節」、「月夕」、「團圓節」等，俗稱「八月十五」。從節日的起源來看，中秋節是一個與節氣相關的節日，起源於先秦時期的「迎寒」之禮。從現在中秋節的主要節俗——吃月餅、賞月來看，中秋節又是一個與月亮有關的節日，「嫦娥奔月」、「唐明皇遊月宮」等傳說都與月亮有關，且在民間廣為流傳。

中秋節雖然是中國非常重要的傳統節日，但在古籍中的記載是斷斷續續的。關於中秋節的特殊活動，最早的記載見於先秦時期的《周禮・春官・宗伯》：「籥（ㄩㄝˋ）章掌土鼓、豳（ㄅㄧㄣ）籥。中春，晝擊土鼓，吹豳詩，以逆暑。中秋，夜迎寒，亦如之。」意思是：在周代，有一個叫籥章的官，掌管一面土鼓和一管吹籥（古代的一種管樂器）。每到仲春之際，要在某一天的白天敲擊這面土鼓，並用吹籥來吹奏音樂，以迎候暑氣的到來；每逢仲秋之際，則要在某一天的晚上敲鼓、奏樂，以迎接寒冷的到來。這就是所謂的「逆暑迎寒」之禮。仲秋迎寒的時間，大約是農曆八月，這種習俗就是現在中秋節的肇始。

另外，既然中秋節的出現與月亮有關，自然讓人聯想到「嫦娥奔月」的神話。據漢朝劉安的《淮南子・覽冥訓》記載，后羿向西王母求得長生不死之藥，嫦娥偷吃神藥後奔上

月宮之中，淒清冷寂，終日惆悵哀怨不已。六朝以後，人們
對嫦娥寄以同情，認為她奔入月宮之後，十分寂寞。於是，
人們常在月圓之時凝望月亮，盼望嫦娥回歸人間。後來，這
則神話在流傳過程中不斷豐富發展，嫦娥遂成為月中女神。
至於中秋節望月、賞月、拜月、祭月的習俗，則是唐玄宗以
後的事了。

▌中秋節的傳承與發展

　　中秋節俗在漫長的歷史發展過程中逐漸形成，並不斷豐
富演變。

　　如前所述，中秋節雖然起源於先秦時期的「逆暑迎寒」
之禮，但一般認為，現在的中秋節開始於漢代，而漢代的中
秋節還不是八月十五。兩漢時期，所謂的「中秋」其實是指
「仲秋」。古人將一季分為孟、仲、季三個月，比如秋季可分
為孟秋、仲秋、季秋，仲秋，也就是秋季的第二個月，即農
曆的八月。本月的主要節日是「白露節」。所謂「白露」，
就是「陰氣漸重，露濃色白」（《禮記・月令》孔穎達疏）
的意思。很明顯，這是一個農事節日，一般在農曆的八月初
六前後。此時的月亮還是一彎新月。而白露節的主要活動就
是在節前筮（ㄕˋ）卜，擇節後吉日祀神。也有人認為漢代
的中秋節是立秋節，但立秋節在農曆七月初六前後，時當孟

秋,而非仲秋。

到了唐代,中秋節的相關習俗漸趨完備並開始流行。五代王仁裕《開元天寶遺事》中記載了中秋之夜唐明皇與楊貴妃臨太液池望月的事情。唐末杜光庭的小說《神仙感遇傳》記載,開元年間,唐玄宗於中秋望日(月亮圓的那一天,一般指農曆每月十五)在宮中賞月,術士羅公遠引他到了月宮。唐玄宗看到數百名仙女身著白衣在月宮中翩翩起舞。玄宗遊月宮的故事,更激發了人們對月亮的嚮往。於是,中秋賞月的風俗很快流行起來,後來逐漸又有了吃月餅、飲桂花酒等習俗。至此,現代意義上的中秋節才算是正式出現。

▎中秋節盛行的原因

八月十五為什麼能夠成為中華民族的一個盛大的傳統節日呢?原因大致有三個方面。

一是每年的八月十五,恰好太陽直射月亮朝向地球的一面,因此月亮顯得又圓又亮。古人所說「十二度圓皆好看,就中圓極在中秋」(宋·孫復〈中秋月〉),確有其科學道理。因此,八月十五便成為玩月、賞月的最佳時機。經過漫長的歷史演變,八月十五遂成為中華民族盛大的傳統節日之一。

二是中華民族有著「大團圓」的深層文化心理,人們大都喜聚不喜散。這在一些盛行的通俗文學以及戲劇表演中尤

為明顯，人們總是期待著小說故事或者戲劇能有一個完滿的結局。這種情結在社會現實生活中也不少見，尤其是每到佳節，人們總是特別期待家人能夠團聚在一起，而在外的遊子此時也更為思念自己的親人和故鄉，所謂「每逢佳節倍思親」正是摹寫出了這種情愫。中秋之夜，人們抬頭仰望著圓月，自然會期盼著與家人團聚。由此，這一天又成為闔家團圓的日子，所以，中秋節又稱為「團圓節」。隨著節日的不斷發展，中秋節在人們心裡團圓的意味更為濃厚，逐漸為人們所重視。

三是農曆八月十五正值農事之尾，人們基本上已將農作物收穫完畢。忙碌了大半年的人們也正想放鬆一下繃緊的神經，平衡一下緊張的心理，調節一下急促的生活節奏。所以，人們便選中了農曆八月十五作為春節之後的第二大節日。

▌中秋節的風俗

伴隨著中秋節出現的習俗，大致可分為三種情況：一是與月亮有關的活動，比如祭月、拜月、賞月、追月等。二是與飲食有關的活動，比如吃月餅及各種水果、飲桂花酒等；各地也有自己的地方節令食品，如南京人要吃板鴨（即鹽水鴨），昆明人每家都要做「合家大月餅」，江蘇武進人吃糖

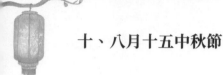

芋頭，陝西西安人則吃團圓饃等。三是與交遊有關的活動，比如饋贈禮品、團圓飲酒、泛舟賞月、夜遊走月、賞月觀燈等。這些中秋習俗，不論是漢族還是少數民族，基本上大同小異，但各地也有一些特殊的中秋習俗。

山東泰安地區有八月十五看閨女的風俗。在八月十五之前，娘家都要去看望出嫁的女兒，所帶的禮物中必須有月餅和鯉魚。

北京一帶還流行著中秋節祭月的舊俗。中秋節這一天，人們將西瓜切成蓮花瓣狀，供於月下；或將西瓜雕成牛形，取「西（犀）牛望月」之意。

浙江寧波一帶還流行著八月十六過中秋的習俗。傳說南宋時，宰相史浩每年中秋必從京城臨安（今杭州）趕回明州（今寧波）與老百姓同度中秋佳節。有一年，史浩回明州途中因坐騎受傷，只好夜宿紹興，等趕到明州時已是八月十六。而老百姓也一直等著史浩到了以後，才過中秋節。後遂相沿成俗。

蘇州一帶則流傳著「走月亮」的習俗。當地人都要於八月十五夜晚出門遊玩，尤其是婦女，要穿上漂亮的衣服，成群結隊地出遊或訪親會友。這一天夜晚，路上人來人往，絡繹不絕，直到東方發白。

走月亮

現在香港也流行著「追月」的習俗。人們過了八月十五中秋節，仍然意猶未盡，還要在八月十六夜晚再賞一次月，故名「追月」。此俗本來流傳於廣東一帶，據清代《嶺南雜事鈔·序》記載：「粵中好事者，於八月十六日夜，集親朋，治酒餚賞月，謂之追月。」現在此俗在廣東雖已不常見，但在香港仍很盛行。

據報載，香港人每年都於八月十五上街賞月觀燈。若十五日夜餘興未盡，香港人則再於十六日晚帶著帳篷燈具、美酒佳餚，扶老攜幼來到渡假村或海灘，聽濤賞月，飲酒談笑。還有人點燃蠟燭，排成各種圖案，在海灘上拜月。星空碧海，月光燭輝，相映成趣，引人入勝。

▌中秋節的節令食品

月餅是一種圓形、帶餡的麵餅。它是一種節令食品，即八月十五中秋節的應時食品。月餅之所以是圓形的，乃取團圓之義。現在的方形月餅是在傳統圓形月餅的基礎上演變來的。

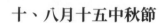

十、八月十五中秋節

關於月餅的起源，有兩種傳說。一說起源於唐朝初年。傳說唐高祖李淵曾於中秋節之際，將吐魯番商人所獻的一種圓形餅分與眾臣共食，由此相沿成俗。一說起源於元朝末年。傳說元朝末年統治者十分殘酷，各地農民起義迭起，朱元璋帶領的起義隊伍相約在八月十五起義。為了散布起義的消息，起義隊伍在月餅中夾上書寫起義時間的紙條，最終起義隊伍在八月十五揭竿而起，打敗了統治者。從此以後，每逢八月十五，人們就吃月餅紀念這次起義。

據考證，唐代以前就已經有了帶餡的餅食，宋代已經有了月餅。

北宋文豪蘇軾在〈留別廉守〉詩中說：「小餅如嚼月，中有酥與飴。」這種圓形、帶餡的小餅，實際上就是現在的月餅。南宋文人周密的《武林舊事》和吳自牧的《夢粱錄》中已經出現了「月餅」一詞。

明代以後，有關月餅的記載越來越多。明代文人田汝成的《西湖遊覽志餘》和沈榜的《宛署雜記》都有關於月餅的記載。清代的《燕京歲時記》中稱月餅為「團圓餅」。

但是，與現在不同的是，古代的月餅都是在自己家裡製作的。雖然從明代開始，市面上就有賣月餅的，但普通人家仍然是自己做。清代袁枚在《隨園食單》中就記有月餅的製作方法，並稱其「食之不覺其甜，而香鬆柔膩，迥異尋常」。

　　大約到了近代，人們才普遍開始買市面上出售的月餅，同時，市面上售賣的月餅花樣也越來越精細。這些月餅的表面一般都印有「嫦娥奔月」、「三潭印月」、「西施醉月」、「花好月圓」、「富貴吉祥」等應時字樣。

　　月餅的品種主要有蘇式、廣式、京式、寧式、潮式、滇式等多種，在外觀、口感、表皮、餡心上，都各具特色。

　　月餅作為月亮的象徵，包含多種文化內涵，成為象徵豐收、團圓、生子的吉祥物。月餅不僅以其獨特的美味帶給人們味覺上的享受，而且以其豐富的文化內涵增添了節日的喜慶色彩，表達了人們對美好幸福生活的期待。

　　月餅原是中秋節用來祭月的貢品。祭月儀式結束以後，人們會分享祭品，特別是把象徵圓月的月餅按人數分割，每人一份，懷孕的女子會多得一份，也會特意給外出未歸的人留一份，取闔家團圓之意。發展到後來，月餅成了一種特殊的禮品。中秋節期間，人們以月餅互相饋送的習俗由來已久。如《西湖遊覽志餘》載：「八月十五日謂之中秋，民間以月餅相遺，取團圓之義。」《宛署雜記》亦載：「八月，饋月餅。士庶家俱以是月造麵餅相遺，大小不等，呼為月餅。」

　　中秋節的節令食品，除了月餅以外，還有桂花酒和桂花糖芋艿（ㄋㄞˇ，即芋頭）。全家人吃完晚飯後，在桂花香中邊吃月餅邊賞月，仰望著月中桂樹，聞著陣陣桂香，喝一

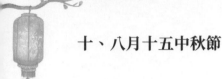
杯桂花蜜酒,吃一點桂花糖芋艿,一家老小歡聚一堂,甜甜
蜜蜜,其樂融融。中秋節食芋艿除了取甜蜜之意外,還寓意
辟邪消災。

在中秋之夜,人們還愛吃西瓜、桂圓、蘋果等代表團圓
的果品,「西」諧音「喜」,討得一個好彩頭,祈求甜蜜平
安。中秋時節也是一年中螃蟹最肥美的季節,因此中秋家宴
上,螃蟹也是一道較為常見的美食。

▌中秋拜月、賞月

八月十五恰逢秋高氣爽的時節。「月到中秋分外明」,
晴朗的夜空,一輪皓月,顯得又圓又亮。中秋節是與月亮有
關的節日,中秋節吃月餅、賞月等都與月亮有著直接或間接
的關聯。

拜月也叫「祭月」。《國語・周語上》中就有古代天子
「夕月」的記載,「夕月」就是拜月,即夜晚祭祀月亮。可見
在先秦,帝王已有拜月的習俗。到了魏晉時期,民間也有了
拜月的習俗。

拜月

　　舊時八月十五晚上，人們會在庭院中擺上供桌，上面放置各色瓜果供品，如西瓜、紅棗、蘋果、石榴、葡萄和各式月餅。有的地方還特意將西瓜切成蓮花狀，全家人面對著月亮進行拜月。拜月儀式結束以後，由家裡長者把祭品分給大家食用。中秋節以月餅拜月還有求子和求婚姻美滿之意。舊時，已婚女子拜月祈求月神娘娘送子；未婚女子祈求月神娘娘賜予良緣，找個如意郎君，婚姻美滿幸福。民間中秋拜月的習俗一直流傳到現在，人們祈求月神保佑豐收、團圓、家業興旺等。

十、八月十五中秋節

　　中秋節不僅要祭拜月亮，而且要賞月。不同於嚴肅的祭祀，賞月是一種輕鬆的活動。早在魏晉時期，民間就出現了中秋賞月的活動，只不過還沒有形成習俗。到了唐代，中秋賞月漸趨流行。《開元天寶遺事》載：「中秋夕，上與貴妃臨太液池望月。」這是說唐玄宗與楊貴妃在中秋節登樓賞月。中秋賞月的風俗不僅在皇宮盛行，在民間也逐漸流行起來。到了宋代，中秋賞月蔚然成風，極為隆重。孟元老的《東京夢華錄》載：「中秋夜，貴家結飾臺榭，民前爭占酒樓觀月。」吳自牧的《夢粱錄》也記載：「王孫公子，富貴巨室，莫不登危樓，臨軒玩月……至如鋪席之家，亦登小小月臺，安排家宴，糰子女，以酬佳節。」可見，宋代上到王宮貴族、文人雅士，下到普通百姓，都愛中秋賞月。中秋賞月也激發了文人的創作靈感。北宋時蘇軾就曾於中秋之夜賞月飲酒，並寫下「人有悲歡離合，月有陰晴圓缺，此事古難全。但願人長久，千里共嬋娟」（〈水調歌頭〉）的千古絕唱。

賞月

十、八月十五中秋節

十一、九九重陽節

十一、九九重陽節

▎歲歲重陽

　　農曆九月初九，因日、月均為九數，故名「重九」；又據陰陽五行說，「九」為陽數，故稱「重陽節」；因其主要習俗為登高，故又稱「登高節」；因重陽節要佩戴茱萸、賞菊花，故又稱「茱萸節」、「菊花節」；又由於「九九」諧音「久久」，含有長久之意，而且「九」也是個位數字中最大者，所以重陽節又有了一種長久、長壽的內涵。人們常在此日舉行敬老活動。

　　據說戰國時就有此節，《呂氏春秋》記載，戰國時已有在九月農作物豐收之時，祭祀天帝、祖先的習俗。也有人認為重陽節始於漢代。晉代《西京雜記》中記載，西漢時的宮人賈佩蘭稱：「九月九日，佩茱萸，食蓬餌，飲菊花酒，云令人長壽。」可見，從漢代起，就有在重陽節祈求長壽的風俗。三國時，魏文帝曹丕在〈九日與鐘繇書〉中說，「九」為陽數，可以與日月並齊，九月九日，含長久之意，是一個值得慶賀的吉利日子。又據南朝梁吳均的《續齊諧記》記載，名士桓景曾於九月九日舉家登高，插茱萸，飲菊花酒，以避邪驅瘟，後遂相沿成俗。可見，當時已經有了九月九日登高、飲菊花酒等風俗。到了唐代，九月九日被正式定為重陽節。自此，每年的這個日子，民間都會舉行各種豐富多彩的儀式來慶祝佳節。

重陽節習俗主要有登高、賞菊、插茱萸、飲菊花酒、吃重陽糕等。

▍重陽登高

在古代，民間有重陽登高的風俗。相傳此風俗始於東漢。金秋九月，秋高氣爽，相傳於此日登高遠望可以免災避禍。登高所到之處，沒有統一的規定，一般是登高山或高塔。

關於重陽登高的習俗，還有一個傳說。據南朝梁吳均《續齊諧記》載，東漢年間，汝南（今河南上蔡西南）有一名叫費長房的道士，他能知過去未來之事。有一次，他預言：他的徒弟桓景全家在二九相重這一天會遭大難，但如果這一天佩戴茱萸，再帶著菊花酒躲到高山上去，就可以避開這場災難。桓景照帥父的話做了。到了晚上，他們全家從躲避的高山上歸來，發現家中的牛羊雞狗全部死光了。從這時起就有了九月初九登高避邪的風俗。

重陽節時，農忙都已經結束，處於農閒時節。人們走出家門，爬山登高，融入大自然的懷抱。此時正碩果纍纍，山裡的山楂、柿子等野果和藥材之類都已成熟，是農民上山採集野果、藥材的好時節，民間也稱此時為「小秋收」。登高望遠的風俗最初可能是從此演變而來的，至於民間流傳的那些有關登高的傳說，都是由此附會而成。

十一、九九重陽節

重陽登高

　　因登高有「高中」的寓意，所以歷代文人騷客尤喜在這一天登高，並且大抒其情，因此也寫出了不少膾炙人口的名篇。如王維的〈九月九日憶山東兄弟〉：「獨在異鄉為異客，每逢佳節倍思親。遙知兄弟登高處，遍插茱萸少一人。」

重陽賞菊

　　重陽節正是各式各樣的菊花盛開的時節，觀賞菊花就成了節日的一項重要活動。據說賞菊習俗起源於東晉詩人陶淵明。陶淵明厭倦官場汙濁的生活，回歸田園之後，以隱居、飲酒、賦詩、愛菊出名，而後人效之，遂有重陽賞菊之俗。所以說早在魏晉時期，就有了賞菊、飲酒的習俗。到了唐代，重陽節賞菊、飲酒的風俗更為興盛，如唐代詩人孟浩然在〈過故人莊〉中寫道：「待到重陽日，還來就菊花。」

　　北宋重陽賞菊之風盛行。每年九月九日，皇家和達官貴人家都要在重陽節觀賞菊花，就是平民百姓也要購買一兩株菊花玩賞自娛。孟元老在《東京夢華錄》中提到，重陽節時，全城遍布菊花：黃色和白色花蕊、狀如蓮花的是「萬齡菊」，粉紅色的為「桃花菊」，白而檀心的為「木香菊」，黃色而圓者是「金齡菊」，純白且大的是「喜容菊」。可見當時的菊花有很多品種，千姿百態，煞是可人。清代以後，賞菊之習尤為興盛，《燕京歲時記》中記載，每年重陽節這一天，富貴之家會在庭院之中用數百盆菊花搭起一個架子來，看上去就好像一座小山一樣，稱為「九花仙子」，四周圍繞著「九花仙子」而堆積起來的菊花則稱為「九花塔」。

　　金秋九月，菊花傲霜綻放，因此文人還稱九月為「菊月」，稱菊花為「九花」、「九菊」。由於菊花具有傲霜獨

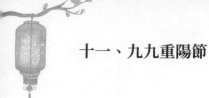

十一、九九重陽節

立、凌寒不凋的品格,遂成為文人騷客筆下經常被讚頌的詩歌意象之一,具有不尋常的文化意義,「延壽客」就是菊花的雅號,此外,菊花還被喻為花中隱士。

┃「遍插茱萸少一人」

茱萸,又名艾子、山茱萸,因主要產地在江浙一帶,所以也叫越椒、吳茱萸。它初夏時開出綠白色的小花,結下黃色的橢圓形狀的果實;秋天果實成熟以後會變成非常好看的紫紅色。可入藥,具有潤肝燥脾、溫和下氣、治寒止痛的功效。而且茱萸葉可以治霍亂,茱萸根可以殺蟲,因此古人特別鍾情於這種植物。

茱萸

重陽節插茱萸的習俗起源很早。據晉代《西京雜記》記載，晉朝的時候，人們就有在重陽節佩戴茱萸的習俗。古人認為重九多災厄，重陽節前後正是茱萸成熟的時候，人人佩戴茱萸，據說這樣就可以辟邪求吉。因此，人們還稱茱萸為「避邪翁」。

到了唐代，重陽插茱萸的習俗更為盛行，人們或佩戴於手臂，或做成香袋掛在身上，又或直接插在頭上。按照民俗，茱萸還可以作為重陽節的節日禮物，在親朋好友之間相互饋贈，如孟浩然〈九日得新字〉詩曰：「茱萸正可佩，折取寄情親。」

正因為重陽節要佩戴茱萸，所以也稱為「茱萸節」。

▌重陽糕

重陽糕又稱「花糕」、「菊糕」、「五色糕」，是重陽節的應節食品。吃花糕是重陽節不可或缺的習俗之一。民諺有云：「中秋才過近重陽，又見花糕各處忙。」「糕」與「高」同音，所以「吃糕」與「登高」一樣，都含有高升、高中、高就的祝福意義。

重陽糕

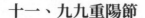

十一、九九重陽節

最早的時候，人們借吃糕品嘗新糧，來慶祝秋天糧食豐收，之後才有了重陽節吃糕含步步登高的吉祥寓意。

宋代吳自牧的《夢粱錄》記載，重陽節這一天各家各戶和街市上的各個店鋪，都用糖和麵蒸重陽糕，糕上面還要插小彩旗。無論是王公貴族還是平民百姓，相互之間都要饋送重陽糕。宋代時，重陽糕的製作已十分講究。後來，在重陽糕的製作中加入了熟栗子細末、梨、橙子、紅棗、花生等各種果品，材料越來越豐富，花樣也不斷翻新。講究的重陽糕要做成九層，還會在糕上面做兩隻小羊，以符合重陽（羊）之義。在清代的宮廷之中，還要舉行「花糕宴」。如今的重陽糕沒有固定的品種，各地在重陽節吃的鬆軟糕類都稱為重陽糕。

在民間，九月九日天明時，人們以片糕搭兒女額頭，口中念祝辭，祝願子女百事俱高，此乃古人九月做糕的本義。

▌菊花酒

菊花酒是用菊花作為原料釀製而成的美酒。因為「菊酒」與「九九」音近，加之農曆九月正是菊花盛開之時，所以菊花酒成為重陽節的節令飲品。重陽節飲菊花酒，含有延年益壽、活得長久之義。唐代郭元振〈子夜四時歌‧秋歌〉詩曰：「辟惡茱萸囊，延年菊花酒。」陶淵明〈九日閒居〉

詩中也有「酒能祛百慮,菊解制頹齡」之說。明代李時珍也曾指出,菊花具有「治頭風、明耳目、去瘘痺(ㄨㄟˇㄅㄧˋ)、消百病」的功效。

重陽節飲菊花酒

釀菊花酒,早在漢魏時期就已經盛行。當時一般是採集菊花的莖葉,雜以秫米釀製而成,等到九月九日,提前釀製的菊花酒就可以拿出來喝了。明清時期的菊花酒,不僅要放置菊花、曲、米,還要加入地黃、當歸、枸杞等藥材進行釀製,菊花酒所具有的延年益壽的功效就更加顯著了,所以深

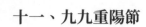

十一、九九重陽節

受人們的喜愛。《夢粱錄》記載，宋代每年重陽節都要「以菊花、茱萸，浮於酒飲之。蓋茱萸名『辟邪翁』，菊花為『延壽客』，故假此兩物服之，以消陽九之厄」。可見，古人相信重陽節飲菊花酒還可以辟邪袪災。

▌九九老年節

從《西京雜記》等文獻記載來看，漢代的重陽節就有了祈求長壽的內涵，所以常於此日舉行敬老活動。現在重陽節已成為法定的「老年節」，意在倡導尊老、敬老、愛老、助老的良好社會風氣。在這一天可以帶老人出遊賞景、登高遠眺、爬山健身、觀賞菊花等。

在這樣一個具有傳統意義與現代內涵的節日裡，我們可以透過贈送一些小禮物或者做一些非常有意義的活動來表達對父母、老師等長輩的尊敬和感恩。

近幾年，西方的很多節日漸漸在臺灣盛行起來，如情人節、母親節、父親節、感恩節、聖誕節等，都深受年輕人的喜愛。對於西方節日，我們應該借鑑、吸收它們好的習俗，給我們自己的傳統節日注入新的時代內涵，不斷豐富、創新我們的傳統節日。

其實世界各國最隆重的傳統節日，有不少習俗是相通的。美國的母親節（每年五月的第二個星期日），通常也是

家人團聚的日子，在這一天，子女都要做各種使母親高興的事情，比如向母親贈送各種禮物、鮮花，以表示對母親的尊敬和感激之情；每年六月第三個星期日的父親節，則要求子女一早就到廚房動手做一頓豐盛的早餐，端到父親的面前，以表示對父親的敬意。透過母親節、父親節這樣的節日表達對父母的感激、敬愛之情，是非常有意義的。不同國家、不同地區的人們都透過特定的節日，表達對親友的祝福、對過往的懷念和對未來的期盼。

　　了解這些，可以為我們自己的節日增加一些新的內容，使我們的傳統節日融入新的內涵，以新的形式傳承與發揚傳統的節日文化。

十一、九九重陽節

十二、冬季的節俗

十二、冬季的節俗

▎冬至大如年

　　冬至，本為二十四節氣之一，時間在每年的西曆十二月二十二日前後。這一天太陽直射南迴歸線，北半球白天最短，夜晚最長。冬至自古以來備受重視，又被稱為「冬節」。

　　商周之際，以冬至前一日為歲終，這一天晚上家人團聚，共同祭祀祖先。漢代以後，冬至節成為民間的一個重要節日。漢代以冬至為「冬節」，這一天，天子不聽政，百官也不用上朝，朝廷上下都要放假，親朋好友之間互相拜訪並以美食相贈。同時，官府還要舉行隆重的祝賀儀式，稱為「賀冬」。到了唐宋時期，冬至甚至與「歲首」並重。據《東京夢華錄》記載，就算是最貧困的人們，也要在冬至這一天穿上新衣服，準備一頓豐盛的美食，祭祀祖先；親朋好友之間互相走動，彼此慶賀，就像現在過新年一樣。

　　後來，此節的風俗逐漸與春節融合，因而形成漢民族最隆重的傳統節日。而冬至節則僅僅作為一個農事節日延續下來。

　　許多地方在冬至這一天有吃餛飩、水餃、羊肉等習俗。俗語有「冬至到，家家戶戶吃水餃」、「冬至不端餃子碗，凍掉耳朵沒人管」等，民間傳說冬至日吃了水餃，就不會被凍掉耳朵，所以，北方地區大多有冬至吃餃子的習俗。

舊時，冬至被人們看作是比春節更重要的節日。杭州一帶現在仍有「冬至大如年」、「過了冬至大一歲」之說，意思大體與「冬肥年瘦」之語相似，是說冬至的飲食、儀節在一年所有的節日中是比較突出的，甚至比春節還要隆重。許多地方冬至這一天吃年糕、冬至肉（醬豬肉）等。臺灣則在這一天祭祖，並由家長講述家族的起源與發展，意在不忘祖先。

▌「數九寒天」

冬至日最富情趣的風俗當為「數九」（又稱「冬九九」）和「畫九」。冬至過後，北方天氣進入最寒冷的時期，俗稱「進九」。所謂「數九」，即從冬至日當天開始計算，每九天為一個單位，連數九個九天，至第八十一天，謂之「出九」。「出九」之後，冬去春來，春暖花開，故有「九九豔陽天」之說。

「數九」的習俗很多，其中流傳最廣泛、歷史最悠久的要數〈九九消寒歌〉了。「一九二九不出手；三九四九冰上走；五九六九，沿河看柳；七九河開，八九雁來；九九加一九，耕牛遍地走。」這是流傳於黃河中下游地區的〈九九消寒歌〉，其他地區的〈九九消寒歌〉內容與之大同小異。這些歌謠朗朗上口，便於誦記，而且非常巧妙地利用各種自然現象，反映出整個冬天的天氣變化規律。

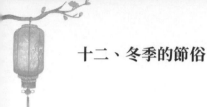

十二、冬季的節俗

從〈九九消寒歌〉中，我們可以看出九九之中，最寒冷的當屬三九、四九了，民間有「冷在三九」、「三九、四九，凍死豬狗」等說法。所以說，冬天最冷的時候不是冬至，而是三九，也就是說一年之中，最冷的不是十二月，而是一月、二月。冬至日時，白晝最短，黑夜最長，是一年中北半球接受太陽輻射最少的時候。按理說冬至日這一天應該是最冷的，實際情況並非如此。這是因為天氣的寒冷不僅與太陽輻射有關，還與地面在過去累積的熱量、北方強冷空氣的影響等多種因素有關。近地面的空氣溫度不會因為冬至日太陽輻射的減弱而驟降。

▌九九消寒圖

「九九消寒圖」是古代的一種數九遊戲，即從「進九」日起，至「出九」日止，每天在一特定圖畫或文字上描畫一筆，以數九記日。當所有的圖畫或文字描畫完畢後，冬天即告過去。

文字版消寒圖

　　常見的消寒圖有文字版、圖形版和圖畫版三種。文字版的如「九九消寒條幅」，即把「亭前垂柳珍重待春風」的佳句寫成空心字條幅，每個字都是九筆，九個字正好是八十一筆，每天描一筆，描完九個字，冬天也就宣告過去了。圖形版的消寒圖，一共九個方格，每個方格裡有九個相同的圖形。方格裡的圖形類似於古時外圓內方的錢幣，中間矩形的四個角要與圓形相交，一共八十一個圖形，組成一幅消寒圖，每天塗一個圖形。塗描圖形時要遵循「上陰下晴雪當中，左風右雨要分清，九九八十一全點盡，春回大地草青青」的原則，所以相比較其他兩種消寒圖，這種消寒圖還可以詳細記錄每一天的天氣狀況。圖畫版的消寒圖，在蠟梅枝幹上共繪有九朵梅花，每朵梅花有九個花瓣，共有八十一瓣素白的梅花圖。每天塗紅一個梅花瓣，到最後一瓣塗紅時，九朵紅豔的梅花躍然紙上，也就表示九寒已盡而春暖將臨。無論哪一種形式的消寒圖，都充滿了詩情畫意，為生活增添了許多樂趣。

十二、冬季的節俗

消寒圖

自然門外草青青

試看圖中梅黑黑

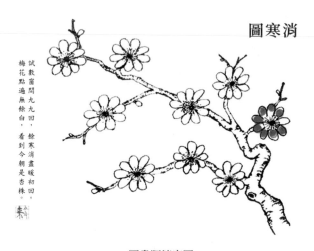

上陰下晴雪當中，左風右雨要分清，九九八十一全點盡，春回大地草青青。

圖形版消寒圖

消寒圖

試數窗間九九回，餘寒消盡暖初回。梅花點遍無餘白，看到今朝是杏株。

圖畫版消寒圖

古代的臘祭

從節日的性質來看，現在的春節來自古代的臘祭。

臘祭，或稱「大蠟」、「臘日」、「臘歲」，是中國古代一年之中規模最大、最為隆重的祭祀活動。周代時，臘祭與大蠟是兩種不同性質的祭祀活動，「臘」祭祖先，「蠟」祭百神。《禮記·月令》中記載的孟冬（冬季的第一個月）「臘先祖五祀」，即指臘祭。秦漢時期將臘祭與大蠟合而為一，成為一個年終祭祀眾神的節日。

人們將舉行臘祭的這天稱為「臘日」。臘祭時，人們將圍獵收穫的百獸用來祭祀祖先、眾神。最初的臘祭並無確定的日期，所以在漢代以前，臘日並沒有被固定在臘月初八。漢代時，才明確規定冬至以後的第三個戌日為臘日，不過在這一天只是祭祀眾神，並不喝臘八粥。南北朝時臘日固定為臘月初八，古人在這一天祭祀祖先、眾神，同時有慶賀一年的豐收的含義，其規模相當於現在的春節。後來，臘祭改為只供「五祀」——門神、戶神、宅神、灶神、井神。再後來，由於佛教在中國的普及，且臘日又與佛祖釋迦牟尼得道日相吻合，於是佛教中獻粥供佛的習俗與臘祭習俗相融合，便成了一個綜合性的節日。臘月初八熬臘八粥的民俗一直流傳至今，而原來臘祭當中的祭祀祖先、祭奉眾神等內容，則轉移到了春節當中。

十二、冬季的節俗

▍臘八與臘八粥

　　南北朝時臘日固定為臘月初八，故又稱「臘八」。

　　臘八要喝臘八粥，據說與佛祖釋迦牟尼得道有關。相傳，佛教的創始人釋迦牟尼本為古印度一個國家的王子，他見眾生總要經受生、老、病、死，便決定捨棄王位，出家修行，以解眾生之厄。但他苦苦修行了六年，仍一無所獲。有一天，奔波苦修的釋迦牟尼餓得差點昏死過去，一個牧羊女發現之後，趕緊餵他乳糜（ㄇㄧ ˊ），他才恢復了精力，繼續修行。後來，釋迦牟尼於臘月八日在菩提樹下成佛。乳糜即乳粥，是用牛、羊等的乳汁和米煮成的，是印度食粥中的上品。後來，佛教弟子為了紀念釋迦牟尼成佛，也感謝曾經救助佛祖的牧羊女，便將臘八這天定為佛教節日，並在這一天手捧鉢盂，上街化緣，將化來的米、棗、栗子等熬煮成粥，並分發給門徒以及俗眾。民間效仿並相沿成習，由此形成了臘八喝粥的習俗。相傳喝了臘八粥，就可以得到佛祖的保佑。因為臘八粥與佛教有關，故又稱為「佛粥」。

　　中國喝臘八粥的習俗，至遲在宋代就已經出現了。據文獻記載，宋代時，每年臘月初八這一天，各個寺廟都要以果子、米、菜等熬煮成粥贈送給信徒，稱為「臘八粥」。民間也效仿寺僧的做法，遂成為一種習俗。到了清代的時候，臘

八喝粥的習俗更為興盛，家家戶戶都要做臘八粥。臘八粥熬好後，要先敬神祭祖，之後要贈送親友，最後才是全家人食用。清代李福〈臘八粥〉詩云：「臘月八日粥，傳自梵王國。七寶美調和，五味香摻入。用以供伊蒲，藉之作功德……」又有〈漢口竹枝詞‧時令〉云：「各家布施斗和升，化米都將臘八稱。」

做臘八粥

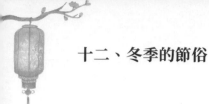

　　隨著時代的發展，臘八粥原有的宗教信仰意味變淡了，如今成了色味俱佳、養生保健的節令美食。

▌小年（祭灶日）

　　小年又稱「小年下」、「小年節」，時間一般是在農曆臘月二十三或者二十四。很多地方有「官三民四」的說法，也就是說百姓於臘月二十四過小年，而為官的可提前一天，於臘月二十三過小年。歷史上政治中心多在北方，所以北方受官風的影響較重，小年多為臘月二十三；相反，南方相對遠離政治中心，小年便大多是二十四。

　　民間在小年這一天有祭祀灶王爺的習俗。祭灶就是為灶王爺上天匯報工作而舉行的歡送儀式，又稱祀灶、送灶、辭灶、醉司命。雖然「二十三，祭灶官」的諺語廣泛流傳，但是各個地方在祭灶的時間上還是有細微差別的。通常是二十三祭灶，也有在二十四的。

　　灶王爺又稱「灶神」、「灶君」、「灶王」、「灶君菩薩」等。灶王爺是掌管廚房事務之神，併負責保佑人間家庭的平安。雖然他只是一位小仙，在仙班裡地位並不高，但他是玉皇大帝派到人間監督善惡的神仙，並且每年向玉皇大帝匯報一次工作。所以人們對灶王爺甚是尊重，祈求灶王爺可以「上天言好事，下界保平安」。每到小年，各家各戶都在自家

廚房裡設香案、擺祭品，把最美味的食物以及最醇香的酒供奉給灶王爺，希望他上天述職的時候能多講好話。於是，民間逐漸形成了在小年晚上祭灶王爺的習俗。

祭灶王爺

　　中國祭灶的習俗由來已久。據說早在周代時就已被列入「五祀」的典禮。《論語·八佾》中就有「與其媚於奧，寧媚於灶」的說法。因為民間流傳如果得罪了灶王爺，他就會上天告惡狀，使人「獲罪於天」。人與天上的玉皇大帝無法溝

通,所以玉皇大帝只能透過灶神了解人間善惡。到了宋代的時候,「媚灶」之俗更是盛行,據很多文獻資料記載,當時人們爭相用各種甜食、糖果、美酒來供奉灶王爺。後世相沿不改,祭祀灶王爺的習俗一直流傳到現在。

▎除日與除夕

除日,即農曆十二月的最後一天,俗稱「年三十」。時間一般是十二月三十,但有的時候是二十九。

除日之「除」,古讀「ㄓㄨˋ」,今讀「ㄔㄨˊ」,乃光陰過去之意。所以,除日又稱為「歲除」,也就是一年即將結束的意思。《詩經·唐風·蟋蟀》中的「日月其除」,就是日月即將過去之意。後世詩文中也多有此意,比如王安石〈元日〉詩曰:「爆竹聲中一歲除,春風送暖入屠蘇。」

逐除是古代迎神、祭神以驅逐疫鬼的一種儀式,也稱「儺(ㄋㄨㄛˊ)」、「儺禮」等。儺禮一年舉行數次,而大儺在漢代以前是在臘日前舉行的,漢代以後,改為除夕時舉行儺禮。發展到現在,逐除之俗漸漸隱退,但是人們仍然會在這一天擺上香案,祭祀天地神靈,祈求吉祥如意。

古代儺禮

　　除日這一天，家家戶戶都掛起各式各樣的綵燈，同時張
貼春聯、掛籤、年畫等。這一天，家家燈火通明，一直亮到
旭日東升；戶戶披紅掛綠，庭戶為之煥然一新。

　　除夕，即除日之夕，指一年中最後一天的夜晚，也泛指
一年最後一天。除夕最早起源於先秦時期。除夕之夜，在子
時將臨、辭舊迎新之際，家家戶戶鞭炮齊鳴，老老少少喜氣

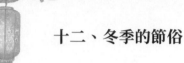

十二、冬季的節俗

盈盈。除夕燃放紙裹火藥的鞭炮,最早可以追溯到宋代。此外,除夕之夜,家人圍爐團坐,聊聊家常,小孩子在一旁嬉戲玩耍,通宵不眠,稱為「守歲」。守歲的習俗早在晉代就有了,後世相沿不衰。現在人們在除夕之夜合家團聚吃年夜飯的習俗也與此有關。

除夕時,北方多吃餃子,南方有的地方會做年糕、粽子。餃子的外形很像「金元寶」,有招財進寶之意,年糕也有「一年更比一年高」的美好寓意,這都是人們迎接新年時的祈福納祥之舉。

十三、父母與孩子的節日

十三、父母與孩子的節日

▌節日文化的融合

文化需要交流，沒有交流，就沒有進步；而中華文化具有極強的包容性。正因為如此，中華文化才能夠不斷吸收外來文化，並與之融合，五千年來一直沒有中斷。

關於節日文化的中外融合，可以從兩個方面進行分析。

一方面是借鑑融合，最典型的例子莫過於中秋節了。中秋節原本是一個與二十四節氣相關的綜合性節日。早在西周的時候，中國就有了「中秋迎寒」的儀式。但是，唐代以前的中秋節，實際上過的是農曆八月的白露節，時間在西曆的九月七日前後（農曆八月初）。農曆八月初的月亮還是上弦月，所以當時並沒有吃月餅、賞月、祭月等節俗。大約到了中唐時期，即唐玄宗開元、天寶年間，人們才借鑑朝鮮八月十五「月圓節」的風俗，將中秋節的時間固定為陰曆八月十五，從此才有了諸多與月亮相關的節日風俗，一直傳承至今。現在，人們有時候甚至直接將中秋節稱為「八月十五」。

▌兒童節

中國自古就有「敬老愛幼」的傳統，雖然長期以來一直沒有自己的兒童節，但在生育文化的各個環節中，都包含著祝福兒童健康成長的因素，並形成了系統、完善的蒙學幼教體系。

一九二五年八月，國際兒童幸福促進會在瑞士日內瓦舉行了「兒童幸福國際大會」，會議通過了《日內瓦保障兒童宣言》，並首次提出了「國際兒童節」的概念，倡議設立一個國際性的兒童紀念日，以保障兒童的權利，改善兒童的生活狀況。這次會議之後，各國紛紛響應大會倡議，先後設立了自己的兒童節。

一九三一年三月七日，由熊希齡主辦的中華慈幼協會向上海市社會局呈文，申請將每年的四月四日設立為兒童節。政府批准呈文後，隨即制定《兒童節紀念辦法大綱》，通令各級教育廳將四月四日兒童節列入小學校曆，「以昭鄭重而資提倡」。當年的四月四日，是第一個兒童節，上海《申報》在當天刊發〈中華慈幼協會提倡兒童節〉一文，明確指出兒童節的宗旨在於「使人人有慈幼思想，人人負慈幼責任，並可使兒童自知所處之地位，庶擴大慈幼範圍，樹強國強種之基」。文中不僅向全社會發出了發揚慈幼傳統、關注兒童族群的呼籲，而且也向兒童提出了明確自身地位、服務貢獻社會的要求。從此以後，我們有了自己的兒童節。

蔡元培在「四四」兒童節發表演講

十三、父母與孩子的節日

之所以將兒童節定為四月四日,一是因為時值春季,正是萬物生長之時,取「十年樹木,百年樹人」之意;二是因為民國節日多取月日重疊之數為日期,比如「三三」上巳節、「五五」端午節、「七七」七夕節、「九九」重陽節等,故以「四四」為兒童節。

▌母親節

母親節(Mother's Day)是一個感謝母親、紀念母愛的節日。它經歷了一個漫長而複雜的發展過程。

最早的母親節起源於古希臘對母親神瑞亞的祭祀。瑞亞的母親是被稱為「大地之神」和「眾神之母」的蓋亞,她的父親是「眾神之父」烏拉諾斯,她的丈夫是第二代「眾神之父」克羅諾斯,她的兒子就是大名鼎鼎的宙斯。古希臘人每年都要向諸位神靈致祭,吟唱讚歌。據說,每年的一月八日是古希臘人致祭母親神瑞亞的日子,也是最早與紀念母愛、感謝母親有關的日子,所以常被認為是母親節最早的起源。後來,許多國家都形成了自己的母親節,只不過來歷、日期、風俗各不相同。比如,印度以每年四月五日為「媽媽節」,法國以每年五月二十九日為母親節,泰國以每年八月十二日為母親節,阿根廷以每年十月的第二個星期日為母親節,英國以每年四旬齋(指復活節之前,除星期日以外的

四十天）的第四個星期日為母親節⋯⋯

　　現代流行的母親節則起源於美國，是由賈維斯夫人倡導，並由她的女兒安娜發起和創立的，時間是每年五月的第二個星期日。一九一四年，美國國會正式規定五月的第二個星期日為母親節，此後這一節日開始在世界範圍內廣為傳播。

　　在母親節這天，子女都要回家與父母團聚，共同為母親準備一桌豐盛的菜餚，送給母親鮮花、衣飾、蛋糕等禮物。與眾不同的是，中國傳統的母親花是萱草花，又叫忘憂草，俗稱「金針菜」或「黃花菜」。元代王冕曾寫過兩首〈墨萱圖〉詩，其中第一首說：「燦燦萱草花，羅生北堂下。南風吹其心，搖搖為誰吐？慈母倚門情，遊子行路苦。甘旨日以疏，音問日以阻。舉頭望雲林，愧聽慧鳥語。」這首詩就是借萱草花來寫母愛。

萱草花

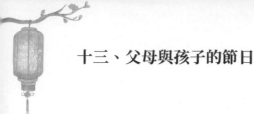

十三、父母與孩子的節日

　　總之，「舶來」的母親節與「敬老愛幼」的傳統相結合，已逐漸融入國人的日常生活中；不僅成為節日文化的重要組成部分，也成了傳統文化中的一個新生內容。

▌父親節

　　每年西曆的八月八日，是傳統的父親節，俗稱「爸爸節」。因為民國時期的節日喜歡用月、日相同的重疊數字作為日期，而兩個大寫的「八」字疊在一起形狀很像「父」字，故將父親節定為八月八日；又因「八八」諧音「爸爸」，故又稱爸爸節。

　　父親節的來源，與艱苦卓絕的抗日戰爭有關。為了把侵略者趕出中國，抗戰期間許多熱血男兒離開父母、妻子、兒女，奔赴抗日前線；而有許多熱血男兒一去不返，犧牲在戰場上，這裡面就包括許多年輕的父親。一九四五年八月抗日戰爭勝利前夕，為了紀念在抗戰中為國捐軀的父親們，同時也為了激發民眾「抗戰必勝」的信念，上海部分愛國人士（梅蘭芳等）發起將八月八日定為父親節的倡議，引起人們的廣泛響應。八月六日，上海《申報》刊載〈八八父親節緣起〉一文，正式發起創立「八八」父親節的倡議，並指出，抗戰期間，「無數愛國將士戰死沙場，他們中很多人都是孩子的父親。為了記住這些英勇的父親，故在此發起『八八』

父親節活動」。次日，《申報》再次刊發了〈明日「父親節」，盡孝道莫忘助學〉的消息。一週後，即八月十五日中午，日本宣布無條件投降，八年抗戰勝利。一九四六年五月，上海各界名流（潘公展、宋漢章、杜月笙等）再次聯名，呈請國民政府將每年八月八日定為父親節。國民政府隨即批准了呈文，正式將八月八日父親節列為法定節日。從此，我們有了自己的父親節。

近年中國大陸過的父親節則是從美國傳入的。香港有的過「八八」父親節，有的過美國傳入的父親節。

▎新興的父親節

父親節，就是感謝父親、讚美父愛的節日。之所以冠以「新興」二字，是因為二十世紀末才開始流行起來的。

據資料記載，現在通行的父親節萌芽於二十世紀初。一九一〇年在杜德夫人的推動下，美國華盛頓州在六月十九日舉行了第一次父親節聚會。一九六六年，美國總統約翰遜宣布當年六月的第三個星期日為美國的父親節，但是沒有形成氣候。直到一九七二年，美國總統尼克森才正式簽署公告，將每年六月的第三個星期日定為美國的父親節。此後，父親節才開始在美國民間乃至全世界廣泛流行起來。據說全世界有五十多個國家和地區過這個父親節。

十三、父母與孩子的節日

　　實際上，世界上許多國家都有自己的父親節。比如，俄羅斯的父親節是每年的二月二十三日，這一天也是俄羅斯的「祖國保衛者日」，因此全國各地都會舉行慶祝活動；西班牙的父親節是三月十九日，全國放假慶祝；德國的父親節是五月二十八日，這一天父親可以隨心所欲地喝啤酒；泰國的父親節是十二月五日，男女老少都要穿著黃色衣服去寺廟為父親祈福……

　　父親節這天的活動，大多是家庭聚餐、子女送父親禮物或陪父母外出遊玩等。

電子書購買

國家圖書館出版品預行編目資料

你各位的假期，都是前人的血跡？投江割肉、
起義抗暴、餓鬼道輪迴……節日吃喝玩樂，背
後是數不盡的辛酸苦澀！/ 韓品玉主編，韓瀟，
董俊焱，史小麗編著 . — 第一版 . — 臺北市：
崧燁文化事業有限公司 , 2023.04
面；　公分
POD 版
ISBN 978-626-357-273-7(平裝)
1.CST: 節 日 2.CST: 歲 時 習 俗 3.CST: 曆 法
4.CST: 中國
538.59　　112004075

你各位的假期，都是前人的血跡？投江割肉、起義抗暴、餓鬼道輪迴……節日吃喝玩樂，背後是數不盡的辛酸苦澀！

臉書

主　　　編：韓品玉

編　　　著：韓瀟，董俊焱，史小麗

發 行 人：黃振庭

出 版 者：崧燁文化事業有限公司

發 行 者：崧燁文化事業有限公司

E - m a i l：sonbookservice@gmail.com

粉 絲 頁：https://www.facebook.com/sonbookss/

網　　　址：https://sonbook.net/

地　　　址：台北市中正區重慶南路一段六十一號八樓 815 室

Rm. 815, 8F., No.61, Sec. 1, Chongqing S. Rd., Zhongzheng Dist., Taipei City 100, Taiwan

電　　　話：(02) 2370-3310　　　傳　　　真：(02) 2388-1990

印　　　刷：京峯彩色印刷有限公司（京峰數位）

律 師 顧 問：廣華律師事務所 張珮琦律師

定　　　價：330 元

發行日期：2023 年 04 月第一版

◎本書以 POD 印製